이야기로 떠나는
우리나라

돌아보면 알게 되고, 알고 나면 사랑이 넘치는 곳!

이야기로 떠나는
우리나라

한국관광공사 지음

팩컴북스

머 | 리 | 말

대한민국은 좁지만 넓은 곳입니다.

갈 곳도 많고 여행지도 많은 것이 사실입니다. 그만큼 명소를 소개하는 여행책 또한 많습니다. 한때는 갈 곳이 없다고 말했었는데 이제는 쏟아지는 여행책만큼 많은 명소들이 생겨났습니다. 그리고 어느새 그곳에 가면 무엇을 봐야 하고, 무엇을 먹어야 하는지 공식 아닌 공식도 등장했습니다. 그러나 무작정, 혹은 작심하고 어딘가로 떠나고 싶을 때 '좀 더 색다른 곳은 없을까?'라는 생각이 드는 건 어쩔 수 없는 일입니다.

이 질문에 대한 대답은 시간이 지난다 해도 달라지지 않을 것입니다. 당연히 좀 더 색다른 곳은 없습니다. 어딜 가도 이곳은 대한민국의 땅이니까요. 이제부터는 가방을 둘러메고 집을 나서기 전, 질문을 바꿔보는 건 어떨까요?

"좀 다르게 보면 어떨까?"

　제주도는 꼭 유채꽃이 필 때 가야 할까요? 경주에 가서는 모든 유적지를 다 봐야 할까요? 왜 우리는 남들이 말하는 것만 봐야 하는 걸까요? 왜 모든 사람들이 봄에는 당연한 듯 보성 녹차밭을 찾고, 가을에는 봉평 메밀꽃밭을 찾는 걸까요?

　가만히 생각해보면 보성에서는 봄이 지나고 다른 계절이 와도 각각의 아름다움이 피어나고 사람들이 살아갑니다. 가을의 봉평 메밀꽃이 볼거리인 건 맞지만 가을이 아니더라도, 굳이 메밀꽃이 피지 않아도 흐뭇한 달밤을 맞을 수도 있습니다. 같은 곳에 서서 같은 곳을 바라본다고 해서 서로가 느끼는 감동이 같다고 할 수 있을까요? 우리가 같은 곳을 갈 때마다 다른 비경을 보게 되고, 다른 감동을 느끼는 건 시간이 다르기 때문입니다. 그 시간만큼 우리가 달라져 있는 것입니다. 여행은 결국 '그곳'을 방문하는 것이 아니고 '현재의 우리 자신'을 만나는 과정이니까요.

　그래서 이 책은 한국관광공사 홈페이지의 '이야기가 있는 여행'을 새롭게 엮은 내용으로, 모두가 말하는 대표적인 관광지이지만 지금까지 알려진 것과는 다른 매력과 색다른 이야기를 찾아보고자 했습니다. 언제,

어느 곳을 찾더라도 아름다운 이 땅을 새롭게 발견하도록 말이죠. 그리고 그곳이 아니라 '그곳에 사는 사람들'을 보여주려고 했습니다. 그들이 살아가는 이야기가 결국 우리들의 이야기인 셈이니까요.

여행은 무언가를 채워 올 수도 있고, 버리고 올 수도 있는 과정입니다. 새로 알 수도 있고, 잊어버릴 수도 있습니다. 이젠 더 이상 멀리서 여행에 대한 환상을 가질 필요가 없습니다. 이 책을 손에 넣는 순간, 여러분들은 우리나라를 새로 보게 되고, 새로 느끼게 될 것입니다.

여러 번 갔던 길이라도 오늘의 길은 어제와 다릅니다. 그 길을 따라가는 여행도 당연히 다르겠죠. 우리나라의 역사를 배우는 여행, 감동을 느꼈던 영화나 드라마 촬영지를 따라간 여행, 우리의 맛을 찾아가는 여행, 아름다운 우리 국토를 다시 둘러보는 여행. 놀며, 쉬며, 이야기를 따라가다보면, 이제 익숙했던 '그곳'이 독자 여러분들에게 새롭게 다가올 것입니다.

어떤 여행을 기대하고 있든, 일단 짐을 싸고 신발 끈을 묶으며 원래 보고자 했던 것을 지우고 낯선 이방인으로 그곳을 방문해보십시오. 우리

가 익숙함을 떨쳐버리고 이방인의 눈으로 대한민국을 본다면 새로운 낯섦이 우리에게 더 큰 기쁨과 감동을 안겨줄 것입니다.

자, 지금 떠나세요. 시간은 아직도 흐릅니다.

마지막으로 《이야기로 떠나는 우리나라》가 세상에 나올 수 있도록 소중한 기회를 제공해주신 팩컴코리아㈜ 김경수 대표님, 기획과 편집을 맡아 수고해주신 박향미 편집장님, 취재와 사진 촬영을 맡아주신 작가님들, 자료 협조에 도움을 주신 지방자치단체와 관계자 여러분, 그리고 팩컴코리아㈜의 가족들에게 깊은 감사의 마음을 전합니다.

한국관광공사 사장

이참

Contents

머리말 / 004

역사 교과서를 따라가는 여행지
강화도 / 013

서울의 변하지 않는 연가, 추억 속을 걷는
정동길 / 021

봄바람 살랑거리는 남한강 여행
경기도 여주 / 029

솔잎 향기 가득한 바다 여행
충청남도 태안 / 039

옛이야기 속으로 낯선 이방인을 초대하는 곳
충청남도 부여 / 047

백성을 위한 진실한 마음이 남아 있는 명재 고택
충청남도 논산 / 057

이곳에서부터 여행을 논하라! 대한민국 명품 여행지
전라북도 전주 / 065

해와 달을 품은 바다에 만리장성을 쌓다
전라북도 부안 / 077

붉은 대지에서 피어오르는 감동이 가득한 곳
전라북도 고창 / 091

원림의 멋, 정자문화의 풍류를 따라 떠나는
전라남도 담양 / 103

봄과 여름의 수채화, 겨울의 수묵화를 품은 곳
전라남도 보성 / 121

쪽빛 바다에서 건져낸 보물섬
전라남도 신안 / 133

대한민국의 최남단 땅끝에서 만나는 고요함
전라남도 해남 / 147

다산의 마음이 통하는 길
전라남도 강진 / 159

끝나지 않은 무진기행
전라남도 순천 / 167

등대와 동백꽃을 품은 2012년의 주인공
전라남도 여수 / 177

슬프도록 애잔한 풍경
경상남도 남해 / 191

한여름 탁족을 즐기며 달을 희롱하는 여행
경상남도 함양 / 201

그리운 이의 가슴 같은 안개를 품은 곳
경상남도 합천 / 207

동양의 나폴리
경상남도 통영 / 219

영화의 주인공이 되는 도시
부산 / 231

눈부시게 밝은 봄의 도시
경상남도 밀양 / 241

누구나 알지만, 누구도 모르는 그곳
경상북도 경주 / 253

걸으면 알게 되고, 알수록 정감이 넘치는 골목길 탐방
대구 / 271

푸른 소나무와 학이 있는 풍경
경상북도 청송 / 283

6백 년 역사와 전통이 깃든 양반 마을
경상북도 안동 / 295

하얀 사과꽃 향기가 가득한
경상북도 영주 / 303

하얀 가을 눈꽃이 펼쳐진 오지마을
경상북도 봉화 / 313

바람과 초록의 나라
강원도 태백 / 321

옛 선인들의 삶을 만나는 곳
강원도 강릉 / 329

맑은 공기 가득한 북한강 명품길
강원도 화천 / 341

'뻔'하지 않게 즐기는 나만의 여행
제주도 / 349

역사 교과서를
따라가는 여행지
강화도

극동의 모든 국가에서 우리가 경탄하지 않을 수 없고 동시에 우리의 자존심을 상하게 하는 한 가지 사실을 발견할 수 있는데, 그것은 바로 아무리 가난한 집이라도 집 안에 책이 있다는 사실이다. 극동의 나라들에서는 글을 읽을 줄 모르는 사람이 거의 없으며 또 글을 읽지 못하면 주위 사람들로부터 멸시를 '받는다'. (중략)
이곳은 산도 푸르고 옷 색깔이 너무 다양해서 마치 커다란 꽃바구니를 보는 것 같다. 게다가 그들이 강화도 왕립도서관에 보관하고 있는 책은 무슨 내용인지 알 수 없지만 예술품에 가깝지 아니한가?

H. 쥐베르, CH. 마르탱 《프랑스 군인 쥐베르가 기록한 병인양요》

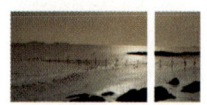

외세의 침략에 맞서다
| 강화전적지 |

강화도는 강화대교와 초지대교로 연결되어 있어 서울에서 두어 시간이면 차로 쉽게 갈 수 있다. 그러나 예전에는 지리적으로는 가까워도 왕래가 쉽지 않은 곳이었다. 원래 강화도는 김포에 붙어 있던 땅이었는데, 강화도와 김포시 사이에 흐르는 좁은 해협인 염하(鹽河)에 침식되어 섬이 되었다고 한다.

강화도는 예로부터 수도와 가까워 수없이 외침의 위험에 노출되었었지만, 실제로 이곳 자체가 침략된 적은 드물었다. 이중환의 《택리지》에 의하면 강 언덕은 모두 석벽이고 석벽 밑은 진흙이기 때문에 배를 댈 곳이 없고, 밀물 때가 아니면 접근하기 어려웠다고 한다. 그래서 강화도는 외세의 침략이라는 위급한 순간에 은신처를 제공하기도 했다.

고려시대 때는 몽골의 침략으로 인해 강화도로 도읍을 옮겼는데 고려 고종 38년에 국자감이, 42년에는 태묘가 세워지면서 개경보다 작지만 수도다운 면모가 갖춰졌다. 강화도로 천도한 고려는 몽골에 30여 년 동안 저항했으나 무신정권이 무너지면서 몽골과 협정을 맺고 다시 개경으로 도읍을 옮겼다.

역사적으로 강화천도는 대몽항전의 상징이었다. 원래 민족과 왕조의 자주성을 지키는 일반적인 대의가 주류를 이루고 있었으나 당시 정권을

1 강화도 유수부 안에 있는 이 방청은 조선 중기의 관청 건물이다. 여러 차례 수리를 해서 예전 그대로의 모습은 아니지만 조선시대 이방청을 살펴볼 수 있는 귀중한 자료다.

2 강화 12진보 중 하나인 강화 덕진진. 조선시대 강화해협을 지키는 요충지로 원래는 수영(水營)에 속한 진이었다. 병인양요 때는 양헌수 장군이 이곳을 통해 정족산성에 들어가 프랑스 군대를 격파시켰다.

광성돈대, 화도돈대와 함께 광성보의 관리 하에 감시소와 방어진지의 역할을 담당했던 오두돈대. 돈대는 적의 움직임을 살피거나 공격에 대비하기 위한 초소다.

잡고 있던 최우가 자신의 권력을 더 오래 유지하기 위해 피난한 것이라는 견해도 있다. 실제로 최씨 정권은 강화천도 이후 몽골의 침입에 대해 방어에 주력하는 소극적인 모습을 보였다. 결국 몽골과 화친을 맺은 고려는 개경으로 환도하고 몽골과의 약속대로 강화에 있던 궁의 흔적을 모두 없애버렸다. 현재 강화도 고려궁지에는 말 그대로 궁터의 흔적과 외규장각, 몇 채의 조선시대 전각만 남아 있을 뿐이다.

어디 몽골항쟁뿐이겠는가? 강화도는 조선시대에도 병인양요, 신미양요, 운양호사건 등 외세 침략에 맞서서 항상 선봉에 서 있었다. 그래서 이곳이 중요한 요새였다는 것을 한눈에 볼 수 있는 문화재가 많다. 우선 해안도로를 따라가다보면 과거 소규모 군사 기지였던 돈대(墩臺)들을 쉽게 볼 수 있다. 강화도에는 53개의 크고 작은 돈대들이 존재하는데, 봉화가 딸려 있어 주변과 전쟁 상황에 대한 정보를 주고받음은 물론, 최후의 순간에는 배수진의 역할을 도맡아 했다.

조선의 왕립도서관이었던 외규장각. 정조가 왕실 관련 서적을 보관하기 위해 강화도에 설치한 도서관으로 규장각의 부속 도서관 역할을 했다.

의궤 친정 나들이하던 날
| 외규장각 |

고려궁지에 덩그러니 서 있는 외규장각은 조선의 왕립도서관이었다. 외세의 침입에 대비하기 위해 정조는 창덕궁 규장각 외 별도의 도서관이 필요하다는 것을 느꼈다. 강화도에 왕립도서관이 설립된 이유는 간단했다. 지리적으로 수도에서 가까웠고 외침에도 비교적 안전하다고 판단되었기 때문이었다.

외규장각에는 각종 진귀한 서적들뿐만 아니라 임금이 직접 보는 어람용 서적들이 함께 보관되어 있었고 조선시대 왕실이나 국가의 주요 행사를 기록한 의궤도 함께 있었다. 의궤란 조선시대 왕실이나 국가의 행사 내용을 정리한 기록이다. 조선왕조실록에도 각종 의례가 기록되어 있었지만 워낙 규모가 방대하고, 행차 모습 등 그림으로 표현해야 하는 부분

현존하는 한국 사찰 중 가장 오랜 역사를 가졌고, 부처님의 가피로 나라를 지킨 호국불교 근본도량으로 역사와 권위를 간직한 전등사.

아름다운 석양으로 알려져 있는 섬 속의 섬 석모도. 노을 속으로 갯벌과 바다가 한없이 펼쳐져 있다. 영화 〈시월애〉와 〈취화선〉의 촬영장소로 유명하다.

이 많아 따로 의궤를 마련한 것이다. 외규장각에 보관 중이었던 의궤는 복사본이 아니라 어람용 유일본이라는 점에서 의미가 깊다.

　이 의궤는 1886년 병인양요 때 프랑스로 반출된 이후 줄곧 파리국립도서관에 보관되어 있었다. 이를 박병선 선생이 발견해냈지만, 의궤가 다시 돌아오기까지는 오랜 시간과 기나긴 기다림이 필요했다. 의궤는 정부와 학계의 지속적인 반환 요청으로 임대 방식이긴 하지만 145년 만인 2011년 고국 땅을 밟을 수 있었다. 돌아온 의궤는 친정 강화도에서 전시회를 가졌다. 타지를 떠돌다 고향으로 돌아온 의궤를 반기는 마음이 어떠했으리라는 것은 짐작하고도 남는다.

서울 가까이에서 아름다운 일몰을 볼 수 있는 섬, 드넓은 갯벌과 생명력이 아름다운 곳, 현존하는 사찰 중 가장 오랜 역사를 자랑하는 전등사와 보문사가 있는 곳, 그리고 영화 〈시월애〉와 〈취화선〉의 촬영장소였던 석모도가 있는 강화도.

누구는 서울에서 가깝기 때문에, 누구는 끝없이 펼쳐진 갯벌 위로 장엄하게 떨어지는 일몰의 순간을 담기 위해, 그리고 또 누구는 아이들의 손을 잡고 교과서에서 만났던 역사적 사실을 눈으로 확인하기 위해 이곳을 찾는다.

역사의 자취를 따라 강화도를 찾는다면 보고 배울 것이 참 많다. 그러나 아무런 정보 없이 간다면 어디서나 볼 수 있는 성과 빈 궁터, 껍데기만 남은 외규장각밖에 볼 수 없을 것이다. 자, 이제 역사 교과서를 다시 살펴보자. 교과서 곳곳에 강화도를 찾아야 하는 이유가 수없이 많을 것이다.

서울의 변하지 않는 연가,
추억 속을 걷는
정동길

이젠 모두 세월 따라 흔적도 없이 변해갔지만
덕수궁 돌담길엔 아직 남아 있어요.
다정히 걸어가는 연인들
언젠가는 우리 모두 세월을 따라 떠나가지만
언덕 밑 정동길엔 아직 남아 있어요.
눈 덮인 조그만 교회당

이문세 〈광화문 연가〉

덕수궁은 인왕산 줄기 아래 전각들이 옹기종기 모여 있는 정감이 넘치는 곳이다. 이곳에는 국보 제229호인 보루각 자격루를 비롯해 중화전, 함녕전, 흥천사종 등 여러 문화재가 있다. 우리나라에서 보기 드물게 근대식 전각인 석조전, 정관헌, 서양식 정원과 분수가 있는 궁으로 중세와 근대의 건축양식을 함께 볼 수 있다. 이 중 석조전 동관은 우리나라 궁중 건물로는 최초로 유럽풍 석조로 건립되어 대한제국 시절 고종황제의 침전이나 외국사절을 맞는 곳으로 사용되기도 했다.

덕수궁 안에 지어진 최초의 서양식 건물인 석조전. 한국전쟁 이후부터 1986년까지 국립중앙박물관으로 사용되기도 했다.

최근 덕수궁의 원래 이름을 찾아주자는 주장이 제기되어 덕수궁 돌담길 역시 이름이 바뀔 운명에 처한 적이 있었다. 덕수궁은 임진왜란 때 모든 궁궐이 불타, 성종의 형인 월산대군의 사저였던 이곳을 선조 때 행궁으로 사용하면서 궁으로 사용되기 시작했다. 이후 광해군이 이곳에서 즉위해 경운궁이라 이름을 정해서 정식 왕궁으로 삼았고, 광해군이 정궁을 창덕궁으로 옮겨 별궁이 되었다. 덕수궁이란 이름은 고종이 아관파천으로 경운궁에 머물게 되면서 고종의 호를 따 부른 것이다. 그래서 어찌보면 덕수궁이란 이름 자체가 가장 수치스러웠던 역사의 잔재라고 할 수 있다. 그러나 이미 오랜 세월 덕수궁이라 불렸기에 갑자기 이름이 바뀔 경우 혼란을 초래할 것이라는 우려 등의 이유로 보류되었다.

덕수궁을 둘러싸고 이어진 돌담길은 서울 시민에게 특별한 공간이다. 바쁜 서울생활을 잠시나마 잊게 해주는 작은 숲이자, 고풍스러운 정취

정관헌은 서양풍의 건축양식에 전통 목조양식이 가미된 독특한 모습으로 고종황제가 이곳에서 커피를 즐겨 마시고 외국 공사들과 연회를 가졌다고 한다.

가 가득한 복고 거리다. 지금은 덕수궁 돌담길보다 정동길로 많이 알려졌는데, 정동길은 정동이라는 지명에서 나왔다.

정동은 태조 이성계의 왕비 신덕왕후 강씨의 능인 정릉이 이곳에 있어 정릉동으로 불리다가 줄여서 정동이라 부르게 된 것이다.

정동길은 원래 덕수궁길의 일부였다. 그러던 것을 〈광화문 연가〉 노래에도 등장하는 정동교회 앞 사거리에서 예원학교와 이화여고를 거쳐 새문안길까지를 '정동길'로 제정한 것이다. 이 길은 정취가 너무 매력적이어서 젊은이들의 데이트 코스로 빠지지 않고 있다.

정동길은 사시사철 아름답지만 특히 노란 은행잎이 물드는 가을이면 더욱 빛을 발한다. 황금빛 잎들

1 가을빛으로 물든 덕수궁의 모습. 역사의 소용돌이 속에서 조선왕조의 마지막을 생생하게 보여주는 곳이다.
2 정동제일교회는 1887년 미국 선교사 아펜젤러에 의해 지금의 자리에 세워졌으며, 우리나라 최초의 본격적인 개신교 건물이다.

은행잎이 물들어 운치가 더해진 정동길. 예나 지금이나 아름다운 산책로로 많은 사람들에게 각광받고 있다.

이 너울대는 거리를 걷다보면 곳곳에 남아 있는 역사의 현장을 마주할 수 있다. 정동길에는 우리나라 최초의 개신교회인 정동교회(지금의 정동제일교회)가 있다. 1885년 선교사 아펜젤러가 그의 한옥집에서 예배를 드리면서 문을 연 정동교회는, 사적 제256호로 지정될 정도로 건축사에 의미가 있다. 고딕양식으로 지어진 이 교회는 결혼식 장소로도 인기가 많다.

지금이야 산책길, 고즈넉한 서울의 풍경을 담고 있는 길이 되었지만, 오래전 이곳은 왕실을 비롯한 양반들의 주거지이자 역사적인 공간이었다. 그래서 이 길을 걷다보면 역사책 한가운데를 가로지르며 산책하는 기분이 든다. 이렇게 정동길은 우리 곁에서 항상 숨 쉬는 역사적인 현장임에도 불구하고 우리가 한때 발붙일 수 없었던 시절이 있었다. 을사조약 이후 미국, 러시아, 프랑스, 독일 영사관들이 정동 일대에 세워졌기 때문이다. 이 시기에 우리나라를 다녀간 서양인들의 저작물을 살펴보면 정동을 '공사관 거리'라고 표시한 자료가 많다.

서울 도심 한복판 덕수궁 돌담길을 따라 정동길에 위치한 서울시립미술관.

　우리 역사에서 그 중요성이 빠지지 않았던 서울의 한복판이 공사관 거리가 되고, 서양촌이 되고, 일본인이 장악하는 요새가 되었던 시절, 잊고 싶었던 순간이라고는 하나 영사관이 있었던 그 자리를 보존하는 것도 역사를 되새겨보는 방법이다. 미국과 영국은 예전 영사관 자리를 대사관저로 사용하고 있지만, 러시아 공사관은 한국전쟁 때 파괴되어 3층 전망탑만 겨우 복구했고, 프랑스 공사관은 자취가 사라졌었는데, 최근 창덕여중 지하에서 터만 발견되었다.

　곡선으로 이루어진 길을 따라 들어가면 서울시립미술관과 정동극장, 스타식스 영화관이 문화벨트를 형성하고 있고, 을사조약이 체결된 중명전과 우리나라 최초의 서양식 호텔인 손탁호텔이 자리잡았던 역사가 그대로 살아 있다.

　나이 지긋한 이들에게는 산책로로, 학생들에게는 역사 탐방로로, 바쁜 일상에 한숨 돌릴 여유가 필요한 시민에게는 쉼터가 되는 정동길. 비

사계절 모두 산책하기에 좋은 덕수궁길.

가 오면 비가 오는 대로, 여린 잎이 돋아나는 봄이면 봄대로, 단풍이 물들면 물드는 대로, 눈이 내리면 또 그만의 정취를 느끼며 이 길을 걸어 보자. 〈광화문 연가〉 노랫말처럼 세월이 흘러 걷는 연인들의 모습은 달라졌을지 몰라도 정동길은 변하지 않는 모습으로 우리를 정겹게 맞아 줄 것이다.

봄바람 살랑거리는
남한강 여행
경기도 여주

綠江春可染人衣
江上鴛鴦相逐飛
向晚聞鍾神勒寺
樓頭楊柳解船歸

푸른 강물, 봄날에는 옷깃을 적실 만한데
강 위에 노는 원앙새는 서로 쫓아 날아다닌다.
어두워지는 저녁, 신륵사에 종소리 들리는데
누대의 앞쪽 버드나무에서 배 풀어 돌아간다.

신광수 〈귀신륵사(歸神勒寺)〉

서울에서 가까운 여주는 당일치기 여행 코스로 인기가 높다. 그러나 어느 곳을 가더라도 하루 동안의 여행으로 볼 수 있는 것은 한계가 있기 마련이다. 여행이란 무엇을 보았는지에 앞서 무엇을 보고자 하는 의지가 절반이 아니던가……. 그런 의미에서 여주에 대한 고정관념을 깨면 당일치기로는 어림도 없는 곳이 바로 '여주'라는 것을 알 수 있을 것이다.

남한강의 운치를 느끼다
| 황포돛배 |

경기도 여주는 예로부터 물 좋고 쌀 좋은 고장으로 명성이 자자했다. 그도 그럴 것이 이중환은 《택리지》에서 남한강변의 여주를 대동강변의 평양, 소양강변에 위치한 춘천과 함께 조선팔도에서 가장 살기 좋은 강촌으로 꼽았다.

여주가 쌀 이외에도 물 덕을 톡톡히 본 것은 도자기였는데, 조선왕조 내내 궁중에서 쓰는 그릇을 만들었던 사옹원(司饔院)의 분원이 있던 곳도 바로 여주였다. 당연히 기름기가 돌고 감칠맛 나는 쌀과 질 좋은 도자기를 실어 나르기 위한 포구도 많았다. 여주에서 한양으로 곡식과 특산물을 실어 날랐던 이포나루와 조포나루는 물량이 많아 마포나루, 광나루와 함께 조선시대 4대 나루로 꼽히기도 했다.

1 여주의 전통가마. 도자기를 생산하기에 좋은 조건을 갖추고 있는 여주는 도자기의 고장답게 현재 6백여 개의 도요에서 도자기를 생산해내고 있다.

2 남한강을 가로지르는 이포보. 비상하는 백로의 날갯짓을 강에 띄워놓은 모양으로 백로의 알을 이미지화한 권양기가 눈길을 끈다.

    서울의 한강이 풍족함의 대명사이듯 여주의 남한강은 이 고장의 풍요로움을 오랜 세월 책임져왔다. 게다가 여강(驪江)이라 불릴 만큼 풍경이 아름다워 문장가들의 사랑을 한 몸에 받은 곳이기도 했다.

    세종대교를 지나면 강변 유원지에 도착하는데 배를 타지 않더라도 산책이나 자전거, 인라인스케이트를 탈 수 있는 공간이 있어서 가족 여행지로도 손색이 없다. 그러나 여주를 흐르는 남한강을 제대로 즐기려면

세종대왕의 영릉. 조선왕릉 중 최초로 한 봉우리에 서로 다른 방을 갖추고 있는 합장릉이다.

역시 황포돛배를 타야 한다. 기왕 이곳까지 왔으니 황포돛배를 타고 옛 정취도 느껴보고, 남한강의 운치도 흠뻑 느껴보자.

황포돛배는 정부의 4대강 정비사업으로 현재는 운행이 잠정 중단된 상태이지만, 2012년 5월 이후 운행이 재개될 예정이다. 이곳에서 황포돛배를 타고 강바람을 맞으며 신륵사 강월헌을 지나 얼굴바위, 영월루, 연인교 등을 돌아보자. 남한강의 운치를 제대로 느낄 수 있을 것이다.

여주의 명당에 얽힌 이야기
| 영릉 |

여주를 대표하는 명소는 바로 세종대왕과 소헌왕후가 합장되어 있는 영릉이다. 여주의 영릉은 조선시대 왕릉 가운데 가장 기본적인 형태를 간직하고 있으며 무덤 배치는 〈국조오례의〉를 따랐다. 그러나 원래부터 세종의 영릉이 여주로 낙점된 것은 아니었다. 원래 지목된 곳은 경기도 광주의 대모산이었다. 효심이 지극했던 세종은 부왕의 곁에 잠들기 원해서 생전에 미리 능자리까지 잡아두었다. 그런데 소헌왕후가 죽자 지관들이 세종이 잡아둔 장소가 길지가 아니라며 능자리를 철회할 것을 권했다. 그러나 세종은 이를 무시하고 그곳에 소헌왕후의 능을 쓰고, 옆에 빈 석실을 마련해두었다. 세종이 세상을 뜨자 준비된 곳에 합장이 되었고 조선 최초의 합장릉이 되었다. 그러나 이후 영릉 불길론이 재차 거론되어 예종 때 여주 능서면 왕대리로 천릉(遷陵, 무덤을 다른 곳으로 옮김)을 하게 되었는데, 이곳이 천릉 지역으로 선정된 일화가 재미있다.

지관과 정승들이 천릉에 적합한 지역을 찾아다니던 중 여주 북성산에 올랐을 때였다. 갑자기 소나기가 내려 비를 피할 곳을 찾다가 연기가 피어오르는 곳으로 급히 달려가 보니 갑자기 비가 멎는 게 아닌가! 게다가 그곳엔 마치 천릉을 예상이라도 했던 것처럼 재실이 마련되어 있었다. 이를 신기하게 여긴 지관과 정승들이 능자리로 올라가 보니 아니나 다를까 천하 명당이 나타났고, 이곳을 세종의 능자리로 선점했다는 것이다.

대대로 천하 명당으로 일컬어져온 영릉은 정남향에 봉황이 날개를 펴고 내려오는 자리라 불리며 만세에 나라를 이어갈 만한 자가 탄생할 자리로 유명했다. 그런데, 사실 이 자리는 이계전의 묏자리였다고 한다. 자신의 명당자리를 빼앗길 것을 염려했던 탓일까? 그는 후손들에게 묘 근처에 재실이나 다리를 놓지 말라고 신신당부를 했지만, 후손들은 이계전의 묘에 재실과 징검다리를 놓았다. 그런데 하필이면 이곳에 이장할 자리를 찾던 지관들이 소나기를 피해 도착하였다. 지관들이 이곳을 자세히 보니 가히 천하 명당자리라 바로 임금께 추천하는 바람에 임자가 바뀐 것이다.

알고 나니 마냥 웃기에는 애매한 이야기가 됐다. 왕실 입장에서 보면 천하의 명당을 얻었으니 운이 좋았다고 할 수 있지만 하루아침에 명당을 잃은 후손과 죽은 이는 얼마나 애통할까.

천년의 종소리를 듣는 밤
| 신륵사 |

여주를 대표하는 유적지 중 천년 고찰 신륵사만큼 재미있는 전설이 전해져오는 곳도 드물다. 여주팔경 중 첫 번째로 꼽히는 신륵사에는 보는 것만큼 그곳에 얽힌 전설을 듣는 재

남한강 강변에 있는 신륵사는 우리나라에서 유일하게 강 근처에 자리잡은 사찰이며 아름다운 경치와 역사적 가치로 관광객들의 발길이 끊이지 않는다.

미도 감칠맛이 난다.

그 하나는 다음과 같다. 고려 고종 때 이곳 건너편 마을에 용마(龍馬)가 자주 나타났는데 성질이 매우 거칠고 사나워 이 용마를 다룰 줄 아는 이가 없었다. 그런데 신륵사의 인당대사가 나서서 신력(神力)으로 고삐를 잡자 말이 언제 그랬느냐는 듯이 순해져 이 사찰 이름을 신륵사라고 했다고 한다. 또 다른 전설도 마찬가지로 용마에 관한 이야기인데, 이 말을 잠재운 이가 나옹선사라는 인물이었다. 여주에서 신륵사에 이르는 마암이라는 바위 부근에서 용마가 나타나 사람들에게 피해를 주자 나옹선사가 신기한 굴레를 가지고 그 말을 다스렸다는 설화에서 유래했다고 한다. 우리나라를 여행하는 재미 중 하나는 이런 전설을 듣는 것이다.

신륵사는 세종의 능인 영릉을 여주로 옮기면서 영릉 원찰이 되었는데, 그만큼 위용과 규모가 남달랐다. 한때는 요사(寮舍)가 2백여 칸에 이르고,

1 아래로 남한강과 멀리 평야를 마주보는 곳에 세워진 다층전탑. 처음 세워진 이후 여러 차례 수리되는 과정에서 전체 형태가 다소 변형되었다.

2 신륵사 극락보전 앞에 있는 다층석탑. 고려시대의 양식을 지니면서도 여기서 벗어나려는 새로운 양식을 볼 수 있으며 대리석의 질감 때문에 각 부의 조각은 한층 우아하고 멋스럽다.

 한번에 수용할 수 있는 인원만 2백여 명이 넘는 대규모 사찰이었다고 한다. 그러나 안타깝게도 임진왜란 때 대부분 소실되었다. 그래도 사찰 너머 남한강까지 은은하게 울려퍼지는 범종의 소리를 들으면 한때 전성기를 누렸던 이곳의 영광을 짐작할 수 있을 것이다.

 특히 저녁에 울려 퍼지는 신륵사의 종소리는 많은 사람들에게 영감을 주어 이를 주제로 많은 문학작품들이 탄생했다. 푸른 물살을 벗삼아 남한강으로 흘러가는 종소리에 귀를 기울이다보면 시상이 떠오르지 않는 것이 이상하게 느껴질 정도로 이곳은 운치가 있다.

 이 외에도 신륵사에서는 독특한 탑을 구경하는 재미를 빼놓을 수 없

남한강 가파른 절벽 위에 세워져 있는 신륵사 강월헌. 눈 덮인 남한강이 운무에 휩싸여 마치 무릉도원을 보고 있는 듯하다.

다. 이곳에는 2개의 탑이 있는데, 하나는 흰색 대리석으로 만든 다층석탑이고, 다른 하나는 기단부는 화강암으로 쌓고 탑신부는 벽돌을 쌓아 만든 다층전탑이다.

조포나루터에서 보이는 다층전탑은 남한강의 정취와 어우러져 한결 여유 있어 보인다. 그런데 이 전탑이 나루터를 조망하는 곳에 세워진 이유가 남다르다. 여주의 나루터 중 신륵사 앞에 있는 조포나루는 특히 많은 배가 북적이는데다가 소용돌이가 많아 사고가 잦았다고 한다. 그래서 사고를 잠재우고자 신륵사에 전탑을 세우니 이 앞을 지나가는 배들이 전탑을 보고 미리 조심해서 사고가 줄어들었다고 한다.

강변에 위치해 여느 사찰과는 다른 멋이 있는 신륵사. 이곳 역시 남한강의 덕을 보고 있는 셈이다. 그런데 생각해보면 신륵사뿐만이 아니라 여주의 거의 모든 지역이 남한강의 혜택을 받아 풍요롭고 넉넉하다. 강변 도시를 여행하는 가장 큰 이유는 이 풍성함 때문일 것이다. 그런 면에서 여주는 강변 여행을 제대로 즐길 수 있는 최적의 도시라 할 수 있다.

솔잎 향기 가득한
바다 여행
충청남도 태안

오늘날 백사장항이라 불리는 안면도 모래장벌 끝에는 마이크로버스가 한 대 대기하고 있었다. 20인승 마이크로버스였던 것으로 기억한다. 1960대 중·후반 안면도에는 마이크로버스가 두 대 있었다. 그중 한 대를 내 둘째 큰댁 사촌 형님이 직접 운전하며 영업을 했다. 배에서 내리자마자 모래장벌을 냅다 달린 이유는 대기하고 있는 마이크로버스에 빨리 당도하여 좌석을 선점하기 위한 것이었다. (중략) 마이크로버스는 비포장도로를 털털거리며 오래 달려 창기리도 가고 정당리도 갔다. 정당리에서 승언리로 나온 다음 중장리를 거쳐 누동리도 가고, 고남리 영목항까지 간다고 했다.

〈오마이뉴스〉 안면교 아래 판목을 흐르는 장중한 역사의 숨결

우리나라에 처음 시내버스가 등장한 것은 1920년, 일본에서 버스 4대가 들어오면서부터였다. 처음엔 정류장이 따로 없어서 버스가 다니다가 손님이 손을 흔들면 차를 세워서 사람을 태웠다고 한다. 그로부터 8년 후 쯤부터 정식 노선과 정류장을 갖춘 버스시스템이 도입되었다.

　버스 안내양이 있던 시절이 있었다. 세월이 지나 이제는 아무 곳에서나 버스가 서는 일도 없고, 토큰과 버스 정류장을 알려주던 안내양도 없

다. 스마트폰으로 버스가 오는 시간은 물론이고 어디쯤 오고 있는지 알 수 있는 세상이니 말이다. 하지만 가끔은 옛날 드라마나 영화에서처럼 안내양이 있는 버스를 타보고 싶은 날이 있다. 이렇게 추억이 그리워지는 날은 안면도로 여행을 떠나보자.

안면도 노을길을 걷다
| 꽃지해변 |

태안에서 약 30킬로미터 정도 떨어져 있는 안면도는 우리나라에서 6번째로 큰 섬이다. 안면도는 원래 섬이 아니었으나 조선 인조 때 삼남 지역의 세곡을 운반하기 위해 안면읍 창

안면도는 부안 채석강, 강화 석모도와 더불어 서해안 3대 일몰로 꼽힌다.

할미, 할아비 바위가 보이는 꽃지해안공원에 가득히 피어난 유채꽃의 향연.

기리와 남면의 신온리 사이를 갈라 섬이 되었다.

안면도에 갈 수 있는 방법은 다양하다. 서울에서 승용차로 2시간이면 가뿐히 도착할 수 있고 버스를 이용해 갈 수도 있다. 물론 승용차로 가는 것이 여러 면에서 편리하긴 하지만 안면도 여행은 특별히 버스를 권하고 싶다.

안면도로 가는 버스에서 맘껏 추억에 잠길 수 있기 때문이다. 태안 시외버스터미널에선 만대포구, 신지도항, 안면도, 만리포 방면으로 향하는 버스가 있다. 이 버스에 몸을 실으면 추억이 온몸으로 밀려온다. 안내양이 동승한 옛날 버스이기 때문이다. 다만 예전과 다른 점이 있다면 어린 안내양이 아닌 40대 중반의 안내원이라는 것. 그래도 간간이 들리는 "오라이~" 소리는 예나 지금이나 똑같이 정겹다.

안면도에서 가장 아름다운 낙조를 볼 수 있는 곳은 당연히 꽃지해변이다. CNN이 선정한 대한민국 관광 명소 50선에 꼽힌 꽃지해변은 사철 어느 때 가더라도 고운 빛깔의 노을과 낙조를 볼 수 있다. 이곳의 낙조가 유난히 곱고 붉게 느껴지는 이유는 아마도 꽃지해변 가운데 솟아 있는 할미바위와 할아비바위 전설 때문일 것이다.

신라 42대 왕 흥덕왕 때 장보고가 완도에 진을 설치한 뒤 안면도에 기지를 두었는데, 이 기지의 책임자로 '승언'이라는 장군이 파견되었다. 이 장군에게는 '미도'라는 아름다운 부인이 있었는데, 어느 날 승언에게 급히 군선을 이끌고 북쪽으로 진격하라는 명령이 떨어져 장군은 아내와 기약 없는 이별을 하게 되었다. 그 후 아무런 소식이 없는 남편을 애타게 기다리다 부인은 결국 이 바위에서 죽고 말았다.

그 뒤 사람들은 이 바위를 할미바위라 불렀다. 그러던 어느 날 폭풍이 몰아친 후 할미바위 옆에 큰 바위가 우뚝 솟아올랐고 사람들은 이 바위를 할아비바위라 불렀다. 봄이면 방포전망대에서 할미, 할아비 바위를 내려다보면 꽃지해안공원에 유채꽃이 만발해 붉은 노을과 노란 유채, 푸른 바다의 색이 어우러져 환상적인 경관을 감상할 수 있다. 그러나 뭐니 뭐니해도 많은 사람들은 한해가 끝나갈 무렵인 12월에 이 두 바위 사이로 떨어지는 낙조를 최고로 친다.

여인의 고운 자태를 닮은 소나무
| 안면송 |

전설을 닮아 슬프지만 그래도 한없이 곱기만 한 낙조 때문일까, 안면도는 가을과 가장 어울리는 곳이다. 하

넓은 백사장과 완만한 수심, 알맞은 수온과 울창한 소나무숲으로 이루어져 많은 피서객들이 찾는 꽃지해수욕장. 멀리 이 해수욕장의 수문장인 듯한 할미바위와 할아비바위가 보인다.

얀 백사장과 푸른 파도 위로 붉은 조명이 내려앉는다. 살갗에 닿는 기온은 예전 같지 않지만 그래도 여전히 노을빛이 따뜻하게만 느껴진다. 가을밤은 그렇게 깊어간다.

물론, 안면도가 가을과 어울리는 곳이라는데 이의를 제기할 사람은 많지 않을 것이다. 하지만 이곳은 바다와 파도, 백사장이 존재하는 섬. 바다로 둘러싸인 섬은 역시 여름에 즐겨야 제맛이다.

한여름 더위를 달리 피할 길이 없다면 해수욕도 하고 삼림욕도 즐길 수 있는 안면도는 어떨까? 안면도의 자연휴양림은 그야말로 대놓고 삼림욕을 맘껏 즐길 수 있는 공간이다. 그러나 이곳의 삼림욕은 조금 독특한 방법으로 이루어진다.

숲에 있으되 바다를 즐길 수 있고, 바다에 발을 담고 있으되 눈으로는

안면도 자연휴양림에 있는 안면송. 수간이 곧고 붉은빛을 띠고 있다.

산을 즐길 수 있다. 육지에 뿌리를 두고 있는 안면송의 솔잎이 바람에 흔들리면 그 모양이 마치 넘실대는 파도와 같다. 숲 속 가운데 있어도 간간이 불어오는 바람에 짭조름한 바다 내음이 묻어난다.

 소나무는 원래 곧은 절개를 상징하는 선비의 나무다. 그런데 안면도 소나무는 아무래도 여성스럽다. 안면도에서 자생하기 때문에 안면송이란 별칭을 얻은 이 소나무는 잔가지 없이 쭉 뻗은 모습이 가녀린 여성의 자태와 닮았다. 그래서 사람들은 이 안면송을 여송이라 부르는 모양이다.

 늘씬하게 쭉 뻗었다 싶었는데, 수령이 1백 년 남짓 된 나무가 대부분이라고 한다. 이곳 소나무들은 백제 때에는 구룡사라는 절의 사찰림으로 보호받았고 고려시대에는 나라의 특별한 관리를 받았다. 이 소나무들이 궁궐을 짓고 배를 만드는 재료로 사용되었기 때문이었다.

섬은 육지를 떠나는 여행이다. 그래서 섬으로의 여행은 더 특별하다. 섬에 발을 딛는 순간, 그곳은 육지도 아니고 바다도 아닌 공간이 된다. 나를 버릴 수도 있고 채울 수도 있는 여행이 바로 섬 여행이다. 육지와 가깝지만 엄연히 섬인 안면도. 섬이지만 과거엔 육지였던 곳. 그곳은 우리가 꿈꿨던 모든 여행이 종결되는 지점이다.

옛이야기 속으로
낯선 이방인을 초대하는 곳
충청남도 부여

仙化公主主隱
他 密只 嫁良 置古
署童房乙
夜矣 卯乙 抱遺 去如

선화공주님은
남몰래 정을 통하고
서동방을
밤에 몰래 안고 간다.

〈서동요(署童謠)〉

서동요는 백제 무왕이 지었다고 알려진 4구체 향가로 현존하는 향가 중 가장 오래된 것이다. 이 노래는 용의 아들로 태어난 무왕이 고난을 극복하며 왕이 되는 과정에서 등장한다. 여느 영웅 설화들이 그렇듯 무왕의 스토리 역시 성공으로 향하는 길에 고난은 기본이고 그 과정에서 특별한 인연을 만나거나 신분을 뛰어넘는 결혼이 등장한다.

무왕의 어릴 적 이름은 서동(薯童)이었다. 서동은 신라 진평왕의 셋째 딸 선화(善化)공주가 아름답다는 소문을 듣고 공주를 아내로 맞이할 궁리를 하다가 동요를 만들었다. 서동은 이 동요를 아이들에게 부르게 했는데, 내용은 선화공주가 밤에 남몰래 서동방(薯童房)을 안고 다닌다는 것이

백제의 별궁(別宮) 연못이었던 궁남지. 많은 종류의 연꽃이 있어 여름에 이곳을 찾으면 연꽃향이 가득하다.

었다. 이 소문은 즉시 대궐까지 들어가 결국 선화공주는 귀양길을 떠나게 되었다. 서동은 귀양길을 떠나는 선화공주를 아내로 맞이했다.

 후에 백제의 왕이 된 무왕과 선화공주의 드라마틱한 이야기는 바보온달과 평강공주만큼 유명한 러브스토리다. 쓰러진 왕조가 다 그렇듯 세월이 흘러 이제는 찬란했던 그 시절의 영화도 없고 남아 있는 유적지도 많지 않지만 부여는 여전히 백제의 옛이야기로 여행을 다니기에 안성맞춤인 곳이다.

선화공주를 사랑한 무왕이 만든 인공호수
| 궁남지 |

왕은 고향을 떠나 향수병에 걸린 왕비를 위해 논과 밭을 파고 거대한 연못을 만들어 연꽃을 심었다. 연꽃은 진흙탕에 뿌리를 내리고 그 물을 빨아들이지만 꽃대만큼은 하늘을 향해

1 서동과 선화공주의 애틋한 사랑의 무대가 되는 포룡정.
2 포룡정 주위의 하늘거리는 버들잎이 운치를 더한다.
3 궁남지 서동공원에 서동과 선화공주의 사랑 이야기가 소개되어 있다.
4 백제의 향이 느껴지는 부여의 대표적인 먹거리 연잎밥 정식.

곧추세웠다. 한여름 땡볕을 받으며 자란 꽃대 끝에는 진흙 속에서 피었다고 믿기 힘들 만큼 고고하고 아름다운 꽃이 피어났다.

여름에 피었으나 다른 꽃들과 다르게 해가 중천에 뜨면 봉오리를 오므리기 때문에 연꽃의 은은한 향을 맡으려면 이른 아침부터 서둘러야 했다. 왕비는 연꽃을 보며 향수를 달랬고, 왕은 그런 왕비를 위해 연못에 수시로 배를 띄워 왕비를 기쁘게 해주었다.

연꽃이 가득한 이 연못은 궁궐 남쪽에 있다고 해서 궁남지(宮南池)라 불렸다. 궁남지는 신라 안압지보다 40여 년 먼저 만들어진 우리나라 최초의 인공연못이다. 여인을 사랑하는 남자의 마음이 기적을 만들어낸 것이다.

연못 주위에 휘휘 늘어진 버드나무의 운치를 즐기며 다리를 건너면 '포룡정'이란 정자에 닿는다. 7월의 이른 아침이면 이 포룡정에서 만개한 연꽃의 자태를 감상하며 그 향에 맘껏 취할 수 있다.

연꽃이 만개한 궁남지는 부여 여행의 하이라이트 코스다. 백제의 화려하지만 사치스럽지 않고 단아한 멋을 느낄 수 있는 이곳은 단연 명소 중 명소라고 할 수 있다.

궁남지의 연꽃을 눈으로만 즐기지 말고 근처에 연잎밥을 맛볼 수 있는 곳을 찾아 입으로 연꽃의 향기를 느껴보면 금상첨화다. 백제의 상징인 연잎에 밥을 쪄내는 연잎밥은 왠지 백제와 어울리는 음식 같지 않은가?

백제의 찬란했던 역사를 품고 유유히 흐르고 있는 백마강.

백제의 아름다운 후원
| 부소산 |

　　　　　　　　잃어버린 왕국, 흥망성쇠를 다한 왕조의 쓸쓸함은 백제에 따라붙는 수식어다. 같은 맥락으로 123년 동안 '사비'라는 이름으로 백제의 마지막 도읍지였던 부여에 애잔한 이야기가 많은 것은 당연한 일이다. 그리고 그 이야기는 지금도 백마강을 따라 흐르고 있다.

　백마강의 황포돛배를 따라가다보면 부여의 진산(鎭山)이었으며, 전쟁 시에는 최후의 성곽으로 이용됐던 부소산에 닿는다. 부소산은 산이라기보다는 언덕이라고 할 만큼 낮은 산으로 다부지게 뿌리를 내린 소나무

와 굴참나무가 군락을 이루고 있다.

부소산에서 가장 유명한 장소는 백제의 마지막 날 삼천 궁녀가 몸을 던졌다는 낙화암이다. 그녀들이 백마강에 몸을 던진 모습이 마치 꽃이 떨어지는 것과 같다고 해서 낙화암이라 불렀다고 한다. 백마강에서 이곳을 바라

백제의 마지막 모습이 그려지는 낙화암으로 가는 길에 소나무와 굴참나무가 좌우로 뻗어 있다.

1 절벽에서 떨어져 죽은 궁녀들의 원혼을 추모하기 위해 지은 백화정.
2 부소산 서쪽 낭떠러지인 낙화암에서 백제의 삼천 궁녀가 몸을 던졌다고 한다.

보면 절벽이 붉은빛으로 보이는데 백제의 마지막 날 삼천 궁녀가 흘린 피라는 전설이 남아 있다.

　낙화암 아래에는 고란사가 있는데, 낙화암에서 몸을 던진 삼천 궁녀의 혼을 달래기 위해 세워졌다고 알려진 사찰로, 사찰 뒤 바위에서 자라는 고란초에서 이름을 따서 고란사라고 불리게 되었다. 이곳은 백마강을 바라보는 위치에 자리잡고 있어 수려한 경관으로도 유명하지만 마시면 젊어진다는 약수로도 유명하다.

　이곳의 약수는 오래전부터 명약수로 유명해, 백제의 왕은 매일같이 이 약수를 마셨다. 약수를 즐겨 마신 왕은 원기가 왕성해지고 위장병은 물론 감기도 걸리지 않았는데, 고란사 약수라는 것을 증명하기 위해 이

곳 주변에서 자라는 고란초를 물 위에 띄워오게 했다고 한다.

부소산 주변으로 흐르는 백마강과 운치를 더해주는 절벽을 흔히 병풍에 비유하는데 강을 따라 병풍 속 그림을 감상하는 풍류가 그만이다. 그래서였는지 백제의 왕들이 그 풍경에 반해서 갈 때마다 노래하고 춤을 추면서 유희를 즐겼다 하여

1 백제가 멸망할 때 낙화암(落花岩)에서 사라져간 삼천 궁녀의 넋을 위로하기 위하여 1028년(고려 현종 19)에 지어진 고란사.

2 한 잔에 3살이 젊어진다는 고란사 약수터 고란정. 이 약수를 마시고 갓난아기가 된 할아버지의 재미있는 전설이 전해지고 있다.

'대왕포'라고 불렀다고 한다.

　세월이 흘렀어도 백마강의 운치와 풍류는 변하지 않았다. 이 강을 따라가며 백제의 노랫가락에 귀를 기울여보자. 쓸쓸한 백제의 뒷모습이 아니라 찬란했던 그 시절의 백제가 떠오르지 않는가.

백성을 위한
진실한 마음이 남아 있는 명재 고택
충청남도 논산

건축에서 설계도면은 일종의 인터페이스이다. 건축의 물리적인 부분인 마당도 공간과 공간, 방과 방을 이어주는 중요한 인터페이스이다. 논산의 명재 고택에는 다양한 성격의 마당이 8개나 있다. 이러한 마당의 구성을 볼 때 명재 고택은 객체 중심, 철학 중심의 건축이다. 명재 고택의 가장 중요한 기능은 제사를 지내고 집안을 관장하고 드러내는 학문적 경지를 유지하는 것이다. 명재 고택은 기본 프로그램(의식주)보다는 응용 프로그램(제사 및 행사) 지향적인 인터페이스를 가지고 있다.

임형남, 노은주 《이야기로 집을 짓다》

조선의 대쪽 같은 선비의 대명사, 명재 윤증(尹拯). 그는 벼슬엔 나가지 않았으나 높은 학식과 덕망으로 명성이 자자해 임금이 얼굴도 보지 않고 우의정까지 벼슬을 내린 인물이다. 그러나 윤증은 부패하고 부도덕한 정치 현실을 비판하며 끝내 벼슬에 오르지 않았다. 대의명분을 중시했던 스승 송시열에 맞서 합리적이고 실리적인 정치를 내세운 윤증은 송시열의 제자였으나 시대의 라이벌로 손꼽힌다. 비록 당대에는 스승을 배신한 제자로 비판을 받았지만 그의 뜻을 섬기는 사람들은 대쪽 같은 선비 정신과 백성을 사랑하는 그의 마음을 아꼈다.

숭명의리론(崇明義理論)을 내세워 북벌론을 펼치는 송시열에 맞서 임진왜란과 병자호란을 겪은 백성을 또다시 전쟁의 소용돌이에 내몰 수 없다며 반대했던 윤증의 애민정신은 그의 사후 제사상에서 또 한 번 증명된다. 윤증은 자신의 제사상에 떡을 비롯해 일거리가 많은 유밀과나 전은 올리지 말라는 유언을 남겼다. 자손들은 그의 유지를 받들어 일반 밥상만한 크기의 제사상에 전이나 탕은 물론 송편도 올리지 않았다고 한다. 그래서일까, 동학혁명과 한국전쟁을 치르면서도 윤증가는 마을 사람들의 보호를 받으며 온전히 남았다. 한번은, 양반집을 노린 한 농민군이 명재 고택에 불을 붙이려 하자 마을 주민들이 스스로 나서 이 집은 건들지 말라고 부탁했다고 하니 오랜 세월 윤증가가 백성들과 나눈 마음이 어떠했는지 짐작이 가고도 남는다.

조선 숙종 때의 학자 윤증 선생의 인품이 묻어나는 명재 고택.

윤증 선생의 기품이 묻어나는
| 명재 고택 |

집은 사람을 닮는다는 말처럼 명재 고택은 윤증 선생의 성품을 고스란히 닮았다. 이 집은 보통의 고택들이 시조가 집을 설계하고 지었던 것과 달리 그의 제자들과 아들이 지어주었다고 한다. 비록 99칸 대궐 같은 집은 아니더라도 초가집에서 지내는 스승과 아버지를 보다 못해 제자들과 아들이 지어준 선비의 집이다. 그래서 그런지 명재 고택은 화려하지 않아도 품격이 있다.

거미가 그물을 얽고 있네
옆으로 끊어서 아래위로 치네
너 잠자리여, 조심하여

정말로 처마 앞 향해선 가지를 말라

윤증, 〈지주망(蜘蛛網)〉

　줄을 쳐놓고 걸려드는 벌레를 잡아먹는 거미의 간교함을 경고하는 윤증의 시에서 이를 경계하고 대처하는 선비의 자세를 찾아볼 수 있다. 윤증의 이런 선비 정신은 명재 고택의 바깥마당에 있는 나무 한 그루에서도 찾아볼 수 있는데, 바로 배롱나무다. 배롱나무는 유생들이 모이는 향교와 서원에서 흔히 볼 수 있는 나무로, 껍질이 매우 얇아서 줄기 속이 훤하게 비친다. 선비들은 겉과 속이 같은 투명한 이 배롱나무를 배움의 목표로 삼았다. 학문이 있고 선비가 있는 곳에 이 배롱나무를 심은 것은 나무 하나에서도 지혜를 배우고 스스로를 깨우치라는 가르침이 아닐까……. 이런 의미에서 명재 고택의 배롱나무는 주인과 더욱 닮았다. 그래서 그런지 양반들의 허세처럼 보이지 않아 배롱나무는 더 숙연해 보인다.

　선비의 품격이란 스스로 말하지 않아도 은은한 향기처럼 퍼져나가는 것이다. 높은 인격과 깊은 학문에서 우러나오지 않으면 불가능하다. 그런 점에서 이 고택은 볼수록 백성에 대한 주인장의 마음이 곳곳에서 묻어난다. 명재 고택은 양반가의 주택이나 권위를 내세우지 않는다. 그래서 솟을대문이나 울타리도 없다. 양반집이라면 당연히 있어야 할 솟을대문은 바깥과 안의 경계를 구분하며, 더 정확하게는 그 집의 권위를 나타내는 상징이다. 그러나 명재 고택엔 이런 솟을대문이 없다. 노론이 정국을 주도할 당시 소론의 수장으로 수많은 비판을 한 몸에 받았던 윤증이 한 점 부끄럼 없이 모든 것을 다 보여주겠다는 결연한 의지가 돋보이는 대목이다.

명재 고택 바깥마당에 있는 연못에 심어진 배롱나무. 나무 한 그루에서도 선비 정신을 엿볼 수 있다.

시대가 변했다고 그의 유지가 변한 것은 아닌 듯싶다. 지금도 명재 고택을 방문하면 여느 종갓집과 다른 점을 쉽게 발견할 수 있다. 안채 대청에 들어서면 종갓집에 당연히 있어야 할 시렁과 소반이 없다. 우리의 전통 예절에는 겸상이 없어서 일일이 상을 따로 봐야 했기 때문에 대부분의 종갓집에서는 수시로 차려야 하는 제사와 방문하는 손님들의 상차림을 위해 시렁 위에 소반을 수십 개 얹어두는 것이 보통이다. 그러나 윤증이 허례허식을 금지하기 위해 손이 많이 가는 음식을 차리지 못하게 했고 제사상에도 떡 하나 올리지 못하게 했기에 윤씨 집안의 제례는 검소하다. 시렁과 소반이 없는 명재 고택의 안채 대청마루가 이상하기보다 오히려 더 자연스러워 보이는 이유다.

명재 고택이 다른 고택과 달리 검소하고 개방적인 것은 사실이나 남녀에 대한 구별은 이 집에서도 찾아볼 수 있다. 사랑채와 마주하고 있는

안채는 ㄷ자 형으로 되어 있으며, 안채 중앙에는 정면 6칸, 측면 2칸 규모의 대청마루를 두고 있다.

안채는 'ㄷ'자 형태를 띠며 여성을 외부로부터 격리하는 역할을 담당하고 있다. 그러나 이곳은 신분을 넘어 솟을대문을 만들지 않았듯, 여성에 대한 배려도 놓치지 않았다.

  조선시대 바깥출입이 쉽지 않은 것은 물론, 먼 길 찾아온 친정 식구 배웅도 마음 편하게 하지 못했던 여인들을 위해 사랑채에 넓은 창을 내어 그곳을 통해 되돌아가는 식구들을 멀리서나마 볼 수 있게 했다. 안채 건넌방 뒤쪽에도 작은 정원을 만들고 사랑채 뒷문과 건넌방 뒷문을 연결시켜 사랑채 어른의 출입과 상관없이 아들과 마주칠 수 있게 했다. 또 굴뚝 뒤쪽으로 작은 화계를 만들어 여인들이 꽃구경을 하거나 바깥

1 사랑채 앞면은 반 칸을 안으로 들여 툇마루를 두었다.
2 높은 축대 위에 기단을 높게 한 다음 건물을 지었다.

을 구경하도록 해주는 것도 잊지 않았다. 항상 큰일을 도모하기에 집안일에 소홀하고 여인을 무심히 대했던 남성 위주의 조선시대에서는 찾아보기 힘든 배려였다.

명재 고택은 둘러보면 볼수록 윤증의 인격을 닮았다. 조선시대 소론의 수장으로, 뛰어난 명필가로, 학자로 이름이 드높았던 윤증의 품격이 돋보인다.

이 고택에서 마지막으로 우리가 마주친 선비의 품격은 바로 숨겨진 반전과 진실에 있다. 윤증은 실제로 이 집에 살지 않았다. 무너져가는 초가집에서 사는 것이 안타까웠던 제자들과 아들이 이 집을 지어주었지만 정작 윤증은 분수에 넘친다며 이곳에 살지 않았던 것이다. 사람이기에 편하고 좋은 것을 마주하게 되면 흔들리는 것이 정상이고 취하고 싶은 것이 당연한 일이지만 윤증은 이 집 역시 과하다며 초가집으로 돌아갔다. 이 집에서 우리가 찾을 수 있는 그의 마지막 품격은 어느 순간에도 '선비'임을 잊지 않았던 윤증 선생이 몸소 보여준 모범이 아닐까.

이곳에서부터 여행을 논하라!
대한민국 명품 여행지
전라북도 전주

한국인들은 전주를 '맛의 고장'이라고 부른다. 어느 지역에 살던 전주 음식을 맛이 없다고 평가하는 사람은 찾아보기 힘들다. (중략) 너른 들녘과 지리산 자락이 늘어진 산자락에서 생산되는 풍부한 음식재료들은 전주의 맛을 발달시키는 일등공신이었다. 또 조선을 건국한 이성계의 고향이기도 해 독특한 왕가의 솜씨와 유별나기로 소문난 전주 양반가들의 고집이 모여 맛의 절정을 빚어냈다. 아직도 전주 사람들의 머릿속엔 이 같은 일종의 신념들이 모여 있어 어느 집엘 들어가도 후회하지 않는다. 먹을 것에 대해서는 전혀 걱정하지 않아도 되는 보증수표 같은 도시가 바로 전주다.

〈브레이크 뉴스〉 허물없고 인정 많은 영원한 친구 같은 음식…전주의 자랑

전국을 돌아다녔다는 이들에게 '전라도다운 것'에 대해 물어보면 각양각색의 답이 나온다. 그중 대부분을 차지하는 것은 역시 상다리가 휘어지게 차려나오는 밥상이다. 하다못해 라면 하나를 시켜도 반찬이 6~7개가 나오는 것이 기본이고 갈비탕에 딸려나오는 반찬이 너무 많아서 정식인 줄 알았다는 이야기는 거짓이 아니다. 산과 바다, 강과 들 그 어느 것 하나 부족한 것이 없는 전라도는 예로부터 곳간 인심이 후해 음식문화가 발달한 곳이다.

1 전주 한옥마을에서는 다양한 다도체험을 운영하고 있다.
2 예로부터 소리와 음식의 고향으로 알려진 전주는 멋과 풍류를 느끼기에 모자람이 없다.

어디 그뿐인가. 집집마다 그림이나 시 한 편 걸리지 않은 집이 없고, 길거리 아무나 붙잡고 소리 한 소절 구해도 누구나 명창처럼 구수한 노랫가락을 뽑으니 전라도를 멋과 풍류의 고장, 예향(藝鄕)의 고장이라고 한다.

도대체 어디서부터 여행을 시작해야 할지 망설일 정도로 전라도는 작은 소도시부터 대도시까지 모두 맛과 멋을 즐길 수 있는 일품 여행지다. 어딜 가나 경치가 아름다울 뿐 아니라, 들어야 하고 배워야 할 것들이 가득하다. 그럼에도 불구하고 전라도의 어느 한 곳을 콕 집어서 이야기해야 한다면 바로 전주일 것이다.

전주는 콩나물국밥, 전주비빔밥, 민물매운탕, 전통 술 등 누구나 인정하는 맛의 고장이다. 동시에 조선시대부터 책을 찍어냈을 만큼 문학이 발달했으며, 옹기종기 모여 있는 한옥의 정겨움을 느낄 수 있는 곳이다.

맛의 고장 전주에서 열리는 전주비빔밥축제의 모습.

경기전은 태조 이성계의 어진을 봉안한 곳으로 사적 제339호로 지정되었으며, 전주 한옥마을 입구에 있다.

전주는 우리나라 여행의 종합선물세트 같은 곳이다. 이제 거대한 선물세트 포장을 하나하나 뜯어보며 여행을 시작해보자.

신명나게 한판 놀아보는 재미
| 전주 한옥마을 |

전라북도 전주시에 자리잡은 한옥마을은 전주시가 지난 1999년부터 전통문화특구로 지정해 정성을 기울여 온 곳이다. 태조 이성계의 어진을 봉안한 경기전과 전주천(全州川)을 포함한 교동, 풍남동 일대에 옹기종기 모여 있는 한옥들이 멋스러운 곳, 천천히 걸어야 진가를 알 수 있는 도심형 슬로시티다.

가을볕에 반짝이며 일렁이고 있는 전주천 갈대밭.

　전주 한옥마을은 언뜻 보기에 깨끗하고 세련돼 보인다. 그도 그럴 것이 이곳의 한옥들은 대부분 1930년대에 지어졌다. 이 시기에 일본인들이 양곡 수송을 위해 성곽을 해체하면서 전주부성이 사라지고 전주객사가 있는 중앙동까지 세력을 넓혀오자 향교가 있는 교동과 풍남동에 한옥으로 저지선을 만들었다고 한다. 한옥마을이 민족적 자긍심의 발로였던 것이다.

　한옥의 기본은 여유로움이다. 마루에 걸터앉아 막 쪄낸 감자, 고구마, 옥수수를 먹는 것, 하릴없이 드러누워 하늘에 떠가는 구름을 구경하는 것, 비가 오는 날은 빗소리를 들으며 마당에 떨어지는 비를 보는 것……. 여기서 잠깐! 마당에 떨어지는 비? 바로 이것이다. 마당.

　한옥이 다른 주택과 다른 점은 마당이 있다는 것이다. 주택에 마당

이 있는 것과 없는 것은 천양지차다. 비단 공기의 흐름이나 공간 배치를 말하는 것이 아니다. 마당은 집과 외부를 구분 짓는 경계이기도 하지만 동시에 내부도 될 수 있고, 외부도 될 수 있으며 밖과 안을 연결하는 장소다. 또 이곳에서 손님을 맞거나 잔치를 벌이기도 한다.

전주 한옥마을의 마당은 이런 의미에서 한 발짝 더 나아간다. 이곳의 마당은 '판'을 벌이는 곳이며, 문이 있으나 항상 열린 공간이다. 한정식집 마당에서도 서까래와 주춧돌이 쩌렁쩌렁 울리도록 판소리와 산조 가락이 연주된다. 다른 지역의 전통찻집에서는 고상한 음악이 낮게 깔리지만 이곳의 전통찻집 마당에서는 문화공연이 성행한다. 전주 한옥마을의 마당은 놀

처마와 처마가 서로 머리를 맞대고 있는 전주 한옥마을 전경과 체험활동이 이루어지고 있는 한옥마을 마당.

우리 전통 음악인 판소리에 근간을 두고 세계 음악과의 벽을 허무는 전주세계소리축제는 매년 가을에 열린다.

이문화가 펼쳐지는 현장이다. 공연하는 이와 구경하는 이가 구별 없이 서로 추임새를 넣으며 흥을 나누는 놀이판이다.

한옥마을 마당에서 판이 벌어지기 시작한 것은 1999년 전주의 다문(茶門)이라는 전통찻집의 작은 마당에서 풍류를 알고 노래 꽤나 한다는 재주 많은 이들이 공연을 열었을 때부터였다. 이를 계기로 전주의 자랑인 '산조 예술제'가 시작되었다. 다문을 방문한 이들은 이렇게 작은 마당에서 웬 공연이냐고 할 테지만, 멍석 몇 장과 평상 2개를 이어놓은 무대가 전부였던 예술제의 반응은 폭발적이었다.

이야기를 이어가고 노래를 부르는 이는 따로 있지만 마당에 모여 앉은 이들은 서로 느낌을 주고받으며, 이야기를 더욱 흥미진진하게 만들어간다. 구경하는 이들의 추임새와 흥이 없으면 판은 형성되지 않는다.

지금도 한옥마을의 조그만 마당에선 항상 시끌벅적하고 웃음소리가 끊이지 않는 공연을 볼 수 있다. 이것이 전주 한옥마을만의 특별한 점이다. 전주의 한옥은 단지 살기 위한 공간이 아니라 나누기 위한 공간이기 때문이다.

전주 한옥마을을 대표하는 한옥
| 학인당 |

전주 한옥마을은 조금 높은 곳에서 내려다보면 집들이 이어진 듯 보인다. 처마와 처마가 서로 머리를 맞대고 어깨를 나란히 하고 들어앉아 있는 모습이 마치 우애 좋은 형제들 같다. 이 중에서 전주 한옥마을을 대표한다고 해도 무방할 만큼 대표적인 한옥이 바로 학인당(學忍堂)이다.

학인당은 조선 고종 때 승훈랑(承訓郞) 영릉참봉(英陵參奉)에 임명된 인재 백낙중의 옛집이다. 이름부터 예사롭지 않은 이 집은 솟을대문부터 보통 한옥이 아니라는 것을 짐작게 한다. 솟을대문에는 3대에 걸쳐 효행을 실천한 백낙중을 기리기 위해서 당시의 명필 김돈희가 쓴 '백낙중지려(白樂中之閭)'라는 현판이 걸려 있는데, 이것만 봐도 이 집에 대한 후손들의 자부심이 얼마나 대단한지 알 수 있다. 본채는 백낙중의 호인 인재(忍齋)의 인(忍)자를 따서 학인당으로 이름 붙였다.

학인당은 조선왕조가 기울어질 무렵에 지어져 굴곡 깊은 역사를 품고 있는 집이다. 해방 후에는 한국독립당 전라북도당 창당을 위해 전주를 찾은 백범 김구 선생과 정부 요인의 숙소로 이용됐고, 한국전쟁 때는 공산당 전라북도당 위원장의 전용 숙소로 이용되기도 했다.

전주시 한옥보존 지역에 있는 인재 백낙중의 옛집 학인당.

학인당 앞마당에는 연못과 돌계단으로 내려가는 땅샘이라는 우물이 있다.

이곳이 이렇게 역사의 질곡 속에 내몰리게 된 건 학인당의 독보적인 존재감 때문일지도 모른다. 한강 이남에서 민간인이 살던 집 중 가장 화려한 고택이라고 불리는 학인당은 궁에서만 사용되었다던 호박주춧돌과 두리기둥으로 지어진 99칸 대저택이다. 건축비가 당시 돈으로 백미 4천 석(8천 가마)이 들어갔

동락원은 전통적인 한옥생활을 체험할 수 있는 전주 한옥마을의 대표적인 명소이다.

고, 연 인원 4천 280명이 공사에 참여했으며, 건축 기간은 2년 6개월이나 걸렸다고 한다.

그렇다고 해서 학인당이 단지 덩치만 큰 대궐 같은 집은 아니다. 학인당은 실내 공연장

동락원 시설 이용 안내.

으로 사용할 수 있도록 천장을 2층 높이로 만들고 건물 내 모든 문을 옆으로 접어서 열거나 들어올릴 수 있도록 하였다. 그 때문에 판소리 전성기 구한말에는 이곳에서 당대 명인 명창들의 공연이 심심치 않게 열리기도 했다.

솟을대문을 지나 이 집의 본채에 들어서면 잘 가꿔진 정원이 손님을

맞는다. 이 정원에는 두레박이 아니라 직접 돌계단으로 내려가서 물을 뜨는 특이한 우물이 있는데, 한여름에도 일정한 온도를 유지하고 있어서 지금도 여름에 과일을 담가놓는 용도로 사용된다고 한다.

학인당은 당대에도 그랬고 지금도 남한 최고의 고택이나 이 집의 문턱을 넘는 것은 그리 어렵지 않다. 하룻밤 묵기를 청하는 손님에게 언제나 친절하다. 학인당에는 본채 외에도 별당채와 사랑채가 있는데, 두 곳은 모두 손님용 숙박 건물이다.

이곳에서 하룻밤 묵는 일이 계획대로 성사되지 않았다고 해도 너무 낙담할 필요는 없다. 전주에는 한옥 여관을 비롯해 동락원, 한옥생활 체험관 등 한옥 숙소가 많기 때문이다. 한옥에서 달밤의 풀벌레소리와 바람소리를 들으며 잠을 청해보자. 그 어느 때보다 평온한 하룻밤을 보낼 수 있을 것이다.

해와 달을 품은
바다에 만리장성을 쌓다
전라북도 부안

꽃 사이에 술 한 병 놓고 벗도 없이 홀로 마신다.
잔을 들어 밝은 달 맞이하니 그림자 비쳐 셋이 되었네.
달은 본래 술 마실 줄 모르고 그림자는 그저 흉내만 낼 뿐.
잠시 달과 그림자를 벗하여 봄날을 마음껏 즐겨보노라.
노래를 부르면 달은 서성이고 춤을 추면 그림자 어지럽구나.
취하기 전엔 함께 즐기지만 취한 뒤에는 각기 흩어지리니,
정에 얽매이지 않는 사귐 길이 맺어 아득한 은하에서 다시 만나기를.

이백 〈월하독작(月下獨酌)〉

우리나라 서해 어디를 가나 제일가는 풍경은 '일몰'이다. 그리고 이 일몰을 중심으로 여행 스케줄을 짜는 게 자연스러운 곳이 바로 부안이다. 부안에서는 어느 숙소에 묵더라도 그날의 일몰 시간을 알 수 있다. 여행지에서 뜨고 지는 해가 더 특별한 것은 아니다. 그 여행지가 서해안이기 때문에 당연히 일몰을 봐야 하는 건 더더욱 아니다. 그러나 낙조를 보기 위해 굳이 서해안 한 곳을 가야 한다면 망설일 필요 없이 부안 변산반도를 추천한다.

잔잔한 바다와 기암절벽이 드라마틱한 일몰의 배경이 되는 곳. 그곳의 일몰은 해가 바다 너머로 지는 것이 아니라 이글거리던 해가 바다로 녹아 없어지는 것 같다. 해가 뉘엿뉘엿 넘어가도 아직은 물이 시원한 여름, 따끈따끈한 모래사장에 엉덩이를 깔고 앉아 느긋하게 일몰을 감상해도 좋다. 만약 혼자 떠난 여행이라면 제법 쌀쌀한 바람을 맞아가며 호젓한 해변에서 고독한 일몰을 느껴보는 것도 좋다. 내친김에 눈이 내린 날 간다면 하얀 해변과 맞닿은 검푸른 바다 저편으로 타들어가듯 사라지는 몽환적인 일몰을 감상할 수 있다. 변산에서 바라본 일몰은 그렇게 오래도록 기억에 남는다.

변산이 해가 지는 서해 바다이기 때문만은 아니다. 가만히 생각해보면 서해는 어느 바다나 잔잔해서 날씨만 잘 맞춘다면 마지막 둥근 해의 모습을 선명하게 볼 수 있다. 하지만 분명 변산반도 중 한 곳만은 확실

파도가 뚫어놓은 해식동굴에서 바라본 격포 채석강의 일몰. 날씨가 맑고 물이 빠지는 시간이 맞아야 볼 수 있다.

채석강. 부안 변산반도 맨 서쪽에 있는 해식절벽과 바닷가. 바닷물에 침식되어 되직한 절벽이 마치 수만 권의 책을 쌓아놓은 듯하다.

히 다르다고 할 수 있다. 이곳은 바다이되 강이라 불리고, 일몰을 보고 있으나 이름은 달과 인연이 깊은 곳이다. 먼 옛날 이태백을 삼켰다는 그 강이 지금 변산의 앞바다에 있다.

둥근 달이 유난히 밝은 밤, 술에 취한 이태백이 수면에 비친 달을 잡겠다며 배에서 뛰어내렸다. 이태백이 달과 노닐었던 마지막 장소로 알려진 채석강은 빼어난 자연경관으로 많은 이들에게 시상을 선물했던 곳이다.

당연한 일이겠지만 대부분의 사람들이 일몰 때문에 부안의 채석강을 찾는다. 그리고 이곳을 방문한 대부분의 사람들은 안내판에 적힌 채석강의 유래에 대해 관심이 많다. 하지만 정작 해가 지고 나면 모두가 약속이나 한 듯이 자리를 뜬다. 바다이지만 강이라고 불릴 만큼, 이곳이 중국의 채석강과 닮았다면 당연히 달이 뜨는 풍경이 궁금하지 않을까?

그렇다면 이제 남아 있는 사람들끼리 채석강의 밤을 나누어보자. 많은 이들이 일몰을 보고 떠난 채석강의 조용한 바다에 어둠이 내려앉기 시작하면 오랜 세월 바람과 파도에 깎이고 다져진 기암절벽과 해식동굴의 윤곽이 어슴푸레 보인다. 들리는 건 오로지 파도소리뿐이다. 어느덧 해가 뜨던 위치를 달이 대신하자 이태백의 배가 저 멀리 달을 따라 움직이는 듯하다.

채석강은 둥근 달이 환하게 세상을 비추는 보름에 그 어느 때보다도 하얀빛을 발한다. 그런 밤에는 풍류가 남달랐던 어느 시인처럼 그 아름다움에 취해 달을 건지겠다며 바다에 뛰어들지 않도록 조심해야 할 것이다.

하늘에서 본 천년 고찰 내소사. 단풍이 사찰과 어우러져 장관을 이룬다.

순백의 눈처럼 소박한 사찰
| 내소사 |

　　　　　　　　　　자연과의 조화로움을 간직한 아름다운 사찰 내소사. 이곳은 "여기 들어오는 분은 모든 일이 다 소생되게 하여 주십시오."라는 혜구두타 스님의 원력에 의해 백제 무왕 34년에 창건된 고찰이다.

　'능가산 내소사'라는 현판이 걸려 있는 일주문을 들어서면 천왕문에 이르기까지 전나무 숲길이 길게 이어진다. 전나무 숲 가득히 풍겨오는 향으로 속세의 때를 씻어내는 이 길은 사색하기에 더없이 좋은 곳이다.

　눈이 한없이 많이 쏟아진 날에 내소사를 찾는다면 사계절 푸른 침엽수 사이로 청아한 설경을 감상할 수 있다. 뽀드득 소리가 정겨운 눈 덮

내소사 일주문부터 천왕문에 걸쳐 약 6백 미터에 이르는 전나무 숲길.

인 전나무 숲길을 걸으며 생각을 정리하다보면 사찰을 찾는 이유를 알 수 있을 것이다.

   전나무 숲길을 지나면 벚나무와 단풍나무가 이어진다. 천왕문으로 가는 길은 사계절 나름대로의 멋이 있다. 봄이면 흐드러진 벚꽃이, 가을엔 붉은 단풍이, 겨울엔 눈 덮인 사철나무가 아름답게 줄지어 있다. 내소사의 길은 자연이 만들어낸 멋을 사찰이 품고 있어 더욱 단아하다.

   천왕문을 지나면 안암마을의 수호신인 할머니 당산나무가 그 위엄을 드러낸다. 이 나무는 수령이 1천 년된 느티나무로 길이가 20미터, 둘레가 7.5미터나 된다. 일주문 앞에 있는 7백 년 된 할아버지 당산나무와 함께 내소사 당산제 때 신목으로 받드는 나무다.

   흔히 내소사를 입구가 아름다운 절이라 하지만, 이곳을 꼭 방문해야

내소사 경내 초입에 있는 할머니 당산나무. 해마다 정월 대보름이면 스님과 마을 사람들이 이곳에서 당산제를 올린다.

관음조가 단청을 했다는 전설을 간직하고 있는 대웅보전과 통일신라의 석탑양식을 따른 고려시대 석탑으로 추정되는 내소사삼층석탑.

화려하면서도 단정한 내소사 대웅보전 꽃문살. 법당 안에서 문을 보면 꽃무늬가 아닌 단정한 마름모꼴 그림자만 비쳐든다.

한국의 아름다운 길 100선에 '내소사 전나무 숲과 오색 단풍나무가 어우러진 길'이 뽑혔다.

하는 이유는 대웅보전 때문이다. 내소사의 대웅보전은 규모는 작지만 문화재적인 가치만큼은 그 어느 사찰의 대웅보전보다 크다.

대웅보전의 날렵하게 치켜 올라간 처마를 시작으로 아래로 시선을 내리면 아름다운 꽃문살이 눈길을 사로잡는다. 연꽃과 국화, 해바라기, 수련이 새겨진 꽃문살은 세월의 흔적으로 채색이 벗겨졌

85

으나 그래서 더 담백하게 느껴진다. 꽃문살을 자세히 살펴보면 꽃잎을 한 장 한 장 붙여놓은 듯한 섬세함이 압도적이다.

소박하지만 섬세한 아름다움이 있는 내소사는 어느 계절보다 겨울과 무척 잘 어울린다. 소복하게 눈이 쌓인 내소사의 풍경은 화려하지 않아서 그런지 오래 봐도 질리지 않는다. 꾸미지 않은 맨얼굴로 객을 맞이하지만 어수선하지 않다. 승려들의 수학 정진과 일상생활의 공간인 설성단과 요사 뒤로 눈 덮인 산이 병풍처럼 펼쳐져 있다. 숨을 크게 내쉬면 찬 공기가 파고들어 가슴속까지 상쾌해진다. 크게 내쉰 숨 한번으로도 고민을 털어낼 수 있는 사찰여행은 그래서 겨울과 더 잘 어울린다.

눈이 내린 마당이 정겨운 내소사.

바다 위의 만리장성
| 새만금 |

전북 군산시와 고군산군도, 부안군을 연결하는 33.9킬로미터의 새만금방조제는 세계에서 가장 긴 방조제다. 끝없이 이어지는 새만금방조제를 한눈에 보려면 신시배수갑문의 옹벽에 올라야 한다. 길이가 길이인지라 걸어서는 어디가 끝인지 막막하다. 하지만 걷기 열풍은 이곳도 예외가 아닌 듯하다.

 소설가 이외수는 길을 걸으며 자신의 욕망을 버리려면 험한 길을 택해 걸으라고 했다. 험한 길을 선택한 인간은 자신의 욕망을 버리는 일에 기쁨을 느끼고, 평탄한 길을 선택한 이는 자신의 욕망을 채우는 일에 기쁨을 느낀다는 것이다. 그의 길에 대한 지론대로라면 새만금은 너무 평탄해서 그리 좋은 길이 아닌 것처럼 보인다. 그러나 굴곡도 장애물도 없이

세계에서 가장 긴 방조제로 기네스세계기록에 등재된 바다 위의 만리장성 새만금방조제.

곧게 펼쳐진 새만금방조제는 욕망을 버리기에 딱 좋은 길이다.

처음엔 탁 트인 바다와 시원하게 불어오는 바람 때문에 제법 걸을 만하다고 느낄 것이다. 그러나 길이란 자고로 굴곡도 있고 장애물도 있어야 넘고 걷는 재미가 있기 마련이다. 나무 한 그루 없이 딱히 쉴 곳도 마땅치 않은 이 길은, 끝을 보려면 무한한 인내심이 필요하다. 그렇다고 새만금길을 포기하기엔 아직 이르다. 이곳엔 숨겨진 매력적인 장소가 은근히 많기 때문이다.

새만금방조제를 걷다가 첫 번째 도착하는 섬은 비응항에서 약 12킬로미터 떨어진 야미도다. 야미도항에서 고군산군도를 도는 유람선과 음식점에서 잠시 휴식을 취하는 것도 좋다. 방조제 주변에 있는 신시도는 통일신라시대의 학자인 최치원이 신치산에 단을 쌓고 글을 읽었는데 그 소리가 중국까지 들렸다는 이야기가 전해오는 섬이다. 신시도 주차장에서

방조제 중간쯤 위치한 신시배수갑문.

월영재에 올라 199봉을 향해 걷다보면 바닷바람을 맞으며 피어 있는 진달래 군락지에 도착한다. 능선 너머로 보이는 작은 섬들과 눈앞의 진달래꽃은 오래 걸어 지친 피곤함을 단번에 덜어줄 만큼 충분히 아름답다.

이곳에서 발걸음을 조금 더 남쪽으로 옮기면 새만금방조제를 한눈에 볼 수 있는 전망대에 도착한다. 시간대를 잘 맞추면 하루 2번 신시배수갑문이 열리면서 바닷물이 쏟아지는 장관을 볼 수 있다.

대부분 도보 여행자들은 신시도나 가력도에서 마침표를 찍는다. 어디가 끝이라고 정해져 있지 않으니 자신이 정한 만큼 걷는 것이 이 길의 매력이다. 여기에서는 새만금을 도보 여행 코스로 소개했지만, 차로 달려도 30~40분은 걸리고, 꼼꼼히 보려면 2~3시간은 족히 걸린다.

걸어도 좋고 차로 달려도 좋다. 바다 위의 만리장성을 몸소 느낄 수 있다면 그 어떤 방법이라도 좋다. 자신에게 맞는 방법으로 이곳을 꼭 한 번 느껴보자. 새만금방조제만큼 인간이 만들어낸 작품에서 감동을 느낄 수 있는 곳은 그리 많지 않을 것이다.

붉은 대지에서 피어오르는
감동이 가득한 곳
전라북도 고창

知則爲眞愛
愛則爲眞看
看則畜之而
非徒畜也

알면 참으로 사랑하게 되고
사랑하면 참으로 보게 되고
볼 줄 알게 되면 모으게 되니
그것은 한갓 모은 것은 아니다.

〈석농화원(石農畵苑)〉

조선 후기, 당대 뛰어난 문장가로 이름 높았던 유한준이 김광국의 화첩 〈석농화원(石農畵苑)〉에 부친 발문은 세월이 흘러 유홍준 교수가 《나의 문화유산답사기》에 "사랑하면 알게 되고 알게 되면 보이나니, 그때 보이는 것은 전과 같지 않으리라."라고 인용하면서 유명해졌다.

유홍준 교수의 말처럼 사랑하면 알게 되고 알게 되면 보이는 것은 분명하다. 이제는 알고 느끼려는 문화답사 여행이 우리 국토 여행의 패턴을 바꾸어놓았다.

애정 어린 눈으로 보면 우리나라의 어느 곳도 사랑스럽지 않은 곳이 없다. 그중 사랑하면 알게 되고 그래서 더 애정이 가는 곳은 고창일 듯하다. 고창은 애정을 가지고 보는 이에게 더 많은 것을 보여주는 곳이다.

고창의 역사 여행지
| 고인돌 유적지, 판소리박물관 |

고창읍 죽림리와 아산면 상갑리 일대 야산에는 말 그대로 돌무덤들이 널려 있다. 얼핏 보아 야산에 유난히 돌이 많다고 생각되는 이곳은 우리나라는 물론 동북아시아에서도 손꼽히는 고인돌 유적지다. 유네스코 세계문화유산으로 지정되었다는 사실 하나만으로도 이곳이 역사적으로 중요한 유적지라는 것을 알 수 있다.

하지만 고창 고인돌 유적지가 유적으로서의 가치를 인정받은 지는 얼마 되지 않았다. 죽림리, 상갑리 일대의 거의 모든 돌이 고인돌이라고 해도 무방할 만큼 수적으로나, 면적으로나 압도적이지만 예전 사람들은 이 돌들이 어떤 가치가 있는지 알지 못했다. 이곳의 바위들은 칠성바위, 거북바위, 마고(麻姑) 할머니로 불리면서 신앙의 대상이 되기도 했고, 아이들의 놀이터는 물론 마을 사람들과 여러 객들의 휴식처가 되기도 했다.

대부분의 문화유산이 개발과 함께 손실되고 없어지는 반면, 고창 고인돌은 개발의 덕을 톡톡히 봤다. 서해안 고속도로가 건설되면서 죽림리와 상갑리 일대를 중심으로 발굴과 조사가 이루어졌는데, 학술적인 목적으로 이루어진 발굴도 많았지만 수몰지구나 도로공사에 대한 조사 때문에 알려진 것이 많았다. 발굴 현장에서 나온 유골과 청동 검, 청동 도끼, 옥 제품을 비롯한 부장품들은 당시의 생활상을 엿볼 수 있는 귀중한 자료로 평가받고 있다.

고창군에서는 유네스코 세계문화유산 등록을 기념해서 연간 수십만 명의 관광객이 찾는 영국의 스톤헨지, 아일랜드 더블린의 뉴그레인즈 거석문화 유적지처럼 고인돌 공원을 조성했다. 공원은 유적지에서 조금 떨어져 있는데, 공원과 유적지를 연결하는 꼬마기차 시간을 기다리며 공원

1 유네스코 세계문화유산 등록을 기념해서 조성한 고창 고인돌 공원.
2 청동기시대의 유물과 고인돌의 역사를 체계적으로 전시, 보관하고 있는 고창 고인돌박물관.
3 동리 신재효의 유품과 고창 지역의 명창, 판소리 자료가 전시되어 있는 판소리박물관.
4 판소리 여섯 마당을 집대성한 신재효 선생의 생가. 판소리박물관 옆에 있다.

내 박물관과 야외 전시장을 볼 수 있다. 시간적 여유가 있다면 남도의 따뜻한 기운을 느끼며 유적지까지 산책하는 것도 좋다.

소리를 따라 제대로 된 판소리를 듣고 싶은 객이라면 판소리의 성지 고창 판소리박물관을 권하고 싶다. 고창 시외버스터미널에서 5백미터 거리에 판소리박물관이 있고, 동리 신재효 선생의 생가가 복원되어 있다. 이곳에는 판소리 전수 공간인 고창 동리국악당도 있어 그야말로 '판소리 복합 공간'이라고 할 수 있다.

조선 고종 때만 해도 판소리 이론이 정립되지 않아 판소리의 수준이 그리 높지 않았다고 한다. 오동나무마을이라는 뜻의 동리(桐里)를 호로 쓴

신재효는 한성부에서 직장을 지냈으며 이방을 거쳐 호장(향리직의 우두머리)에 올랐다. 그는 신분상승을 꾀하면서도 한시가 아닌 판소리에서 우리의 정신세계를 찾으며 이론을 정립하고 명창들을 길러냈다.

신재효는 향리의 직무를 수행하며 고창 관청에서 열렸던 잔치에 판소리 광대를 동원했던 경험과 넉넉한 재력을 바탕으로 판소리 광대를 후원하고 문하생을 길러냈으며 스스로 판소리 이론을 배우기도 했다. 그는 장단에 충실하고 박자의 변화를 엄격하게 제한하는 동편제와 잔가락이 많고 박자의 변화가 많은 서편제에서 각각 장점을 조화시키면서 판소리의 듣는 측면을 강조하였는데, 40세 초반부터 작고할 때까지 판소리 여섯 마당(심청가, 적벽가, 춘향가, 수궁가, 흥부가, 가루지기타령)을 개작하고 정리하여 집대성했다.

판소리는 노래를 부르는 이와 듣는 이가 구별되는 노랫가락이 아니다. 서로 한 호흡으로 흥을 맞춰가는 가락이고, 이야기에 따라 선율과 장단이 바뀌는 변화무쌍한 공연이다. 그렇기에 점잔 빼고 앉아서 듣는 것이 아니라 함께 흥을 내며 들어야 하는 참여 공연이다. 어깨춤을 들썩이며 판소리의 재미에 빠져보고 싶다면 판소리박물관에서 그 소리를 직접 들어보며 북을 쳐보는 것은 어떨까?

이곳에서 판소리의 기원, 시연 모형, 계보, 판소리 교실을 비롯한 각종 가사집과 국악 관련 음반, 서적 등 진귀한 전시물을 눈으로 보고 판소리를 직접 감상하며 추임새를 넣어본다면 고창 여행이 왜 소리 여행인지 실감하게 될 것이다.

오색 단풍이 어우러진 선운사 가을 전경. 정갈한 가람배치가 돋보인다.

사랑의 그림으로 붉게 물든 꽃무릇
| 선운사 |

화창한 봄, 선운사를 찾는 이들의 제일 큰 목적은 어느샌가 동백꽃이 되었지만, 동백꽃을 만끽한 후 고즈넉하지만 유구한 역사를 담고 있는 선운사를 두루 살펴보는 것도 좋다.

선운사는 대한불교조계종 제24교구 본사로 백제 27대 위덕왕 때 검단 선사가 신라 진흥왕의 시주를 얻어 창건했다. 검단 스님의 창건과 관련해서 몇 가지 설화가 전해오고 있다.

본래 선운사의 자리는 용이 살던 큰 못이었는데 검단 스님이 이 용을 몰아내고 돌을 던져 연못을 메워 나갈 무렵, 마을에 심한 눈병이 돌았다. 그런데 못에 숯을 한 가마씩 부으면 눈병이 씻은 듯이 낫곤 하여 이를 신기하게 여긴 마을 사람들이 너도나도 숯과 돌을 가져와 못을 메웠는데, 이 자리에 세운 절이 바로 선운사다. 검단 스님은 "오묘한 지혜의 경계인 구름(雲)에 머물면서 갈고닦아 선정(禪)의 경지를 얻는다."라고 해서 이름을 선운(禪雲)이라 지었다고 한다.

또 다른 설화로는 이 지역에 도적이 많았는데, 검단 스님이 불법(佛法)으로 이들을 선량하게 교화시켜 소금을 구워서 살아갈 수 있는 방도를 가르쳐주었다. 마을 사람들은 스님의 은덕에 보답하기 위해 절에 소금을 바치면서 이를 '보은염'이라 불렀으며 마을 이름도 '검단리'라 하였다고 한다. 선운사가 해안과 멀지 않은 곳에 있고, 얼마 전까지만 해도 이곳에 염전이 있었던 것, 염전을 일구어 인근의 재력이 확보되었던 배경 등을 볼 때 검단 스님이 이 절을 창건한 것임을 알 수 있다.

선운사의 본당에 들어서서 대웅전을 바라보면 대웅전 서쪽에 나란히 서 있는 영산전이 보인다. 원래 대웅전과 영산전 사이에는 노전채가 있

맞배지붕 건물로 자연스런 2중 축대가 돋보이는 선운사 영산전. 내부는 검소하고 소박함이 넘친다.

었는데, 노전채를 철거하고 난 뒤 커다란 마당과 맞배지붕을 한 두 건물만이 오는 이를 반기고 있다.

대부분의 사찰은 저마다 특색 있는 가람배치(절의 건물 배치)에 따라 짓는다. 선운사의 가람배치는 정갈함과 편리함, 두 가지로 표현된다. 요즘은 사찰 입구까지 주차장이 들어선 곳이 많은데, 선운사도 주차장에서 대웅전까지 10분 거리다. 이곳이 다른 사찰과 다른 점은 대웅전이 끝이 아니라 시작점이라는 것이다. 선운사의 끝이라 할 수 있는 마애불까지는 40~50분 정도 걸리지만 평지라서 걷기에 힘들지 않다.

이렇다 할 낙락장송 한 그루 없는 이곳은 한눈 팔 일이 없어 한 가지 생각에 잠겨 걸을 수 있는 길이다. 선운사의 가람배치는 길이 있어 탑과

도솔암 옆 바위면에 새겨진 거대한 마애불 좌상. 고려 초기의 양식을 지니고 있어 불교조각사 연구에 중요한 자료로 쓰이고 있다.

건물에만 국한되지 않는다. 대웅전에서 도솔암까지 가는 길을 포함한 산 전체까지 가람배치에 들어가는 것이다.

  정갈한 가람배치와 사색에 젖을 수 있는 길을 따라 선운사를 둘러보고 있으면 문화재 외에도 볼거리가 많다는 것을 새삼 깨닫게 된다. 그런 의미에서 굳이 동백꽃에 큰 뜻을 두고 있지 않다면 봄보다 여름이 끝날 무렵, 이른 가을의 선운사를 추천한다.

이른 가을이면 붉은 카펫을 깔아놓은 듯 피는 선운사 꽃무릇.

　한낮 볕이 따가운 여름 무더위가 채 가시지 않은 이른 가을, 선운사에는 다시 붉은 축제가 펼쳐진다. 봄에는 동백꽃이 흐드러지게 피더니 가을에는 붉디붉은 카펫을 깔아놓은 듯 꽃무릇(석산)이 핀다. 꽃무릇은 선운산 도립공원 초입에 있는 생태숲에서 시작해 선운사로 향하는 산자락을 따라 이어진다.
　열매를 맺지 못하고 꽃이 떨어진 다음 짙은 녹색 잎이 나오는 꽃무릇은 한 몸에서 피어나지만 꽃과 잎이 서로 만나지 못하고 그리움만 키운다 하여 화엽불상견상사초(花葉不想見想思草)라고 부르기도 한다. 그래서 그런지 이 꽃에 전해져 내려오는 이야기도 그립고 애달프다. 옛날 스님을 사모하던 한 여인이 있었는데, 상사병으로 죽고 말았다고 한다. 그 여인의 무덤에 핀 꽃이 바로 꽃무릇이었다.

꽃무릇은 이래저래 절과 관련이 많은 꽃이다. 전해지는 이야기도 그렇거니와 유독 사찰이나 스님들이 거처하는 처소 근처에서 많이 볼 수 있는데, 탱화를 그릴 때나 단청을 할 때 이 꽃의 뿌리를 찧어서 바르면 색이 바래지 않기 때문이다.

봄에는 자신의 꽃봉오리를 송두리째 바닥으로 내던지는 동백꽃으로 대지가 붉게 물드는 곳, 가을에는 이루지 못하는 사랑에 피를 토하듯 붉은 빛으로 넘실대는 선운사로 떠나보자. 붉으나 그 붉음이 모두 같지 않다는 것을, 이 땅이 붉은빛과 얼마나 잘 어울리는지 가슴으로 느낄 수 있을 것이다.

원림의 멋, 정자문화의
풍류를 따라 떠나는
전라남도 담양

1960년대 전라도 보성 소릿재 한 주막에서 동호는 주인의 판소리를 들으며 회상에 잠긴다. 소리품을 팔기 위해 어느 잔칫집에 불려온 소리꾼 유봉이 그곳에서 동호의 어미를 만나 자신의 양딸 송화와 새로운 삶을 시작한다. 유봉은 송화에게 소리를, 동호에게 북을 가르쳐 둘은 소리꾼과 고수로 한 쌍을 이루며 자란다. 그러나 소리를 듣는 사람들이 줄고 동호가 집을 뛰쳐나가자 유봉은 송화도 동호를 따라 집을 나갈까 두려워서 약을 먹여 송화의 눈을 멀게 한다. 그로부터 몇 년 뒤 동호는 어느 주막에서 송화와 재회를 하고 북채를 잡은 동호는 송화에게 소리를 청한다. 송화는 북장단을 듣고 그가 동호임을 알아본다. 그리고 그들은 다시 길고 긴 헤어짐을 맞이한다.

영화 〈서편제〉

동편제를 영남의 소리, 서편제를 호남의 소리라 알고 있는 이들이 있는데, 동편제와 서편제는 모두 호남에서 발생한 소리다. 동편제는 섬진강 동쪽 지역의 명창들에 의해서 완성되어 구례, 남원, 순창, 곡성, 고창 등지에서 성행한 소리이고, 서편제는 섬진강 서쪽인 광주, 나주, 보성, 강진, 해남 등지에서 성행한 판소리의 유파다.

영화 〈서편제〉로 많이 알려진 서편제는 동편제보다 부드럽고 구성지며 애절한 계면조가 두드러진다. 전라도를 여행하는 이들이 소리를 따

한을 맺고 푸는 사람들의 삶, 우리 소리의 느낌이 하나로 어우러지는 영상을 그리고 싶었다는 임권택 감독의 말처럼, 애절한 삶과 남도만의 정취가 영화 〈서편제〉 속에 그대로 담겨 있다.

라가는 것이 이상할 것은 없으나 남도의 구성진 소리를 들고자 한다면 남도만의 정취가 있는 곳에서 듣는 것이 제격이다.

서편제의 본고장에 있는 원림
| 소쇄원 |

지실마을은 서편제 중 완성도가 높은 담양소리의 모태가 되는 곳이다. 유복한 환경에서 자란 거문고 명인 박석기는 암울한 일제강점기에 민족의식을 고취하고 우리의 소리를 지키기 위해 지실마을에 초당을 짓고 국악인들을 양성했다.

지실초당이라 불리는 이곳은 지금은 울림산장이라는 음식점이 되었지만 예전에는 그가 후원한 박동실이 길러낸 김소희, 임춘앵 등 쟁쟁한

조선시대 대표적인 원림인 소쇄원 입구에 들어서면 대숲이 시원하게 우거져 있다. 이곳에서는 자연과 어우러지는 아름다운 정원을 볼 수 있다.

광풍각은 소쇄원의 사랑방으로, 양산보가 이곳에서 손님들과 함께 시를 읊고 술을 마시며 마음을 달랬다고 한다.

명창들이 소리를 배운 곳이다.

지실마을은 소리의 본고장으로 알려져 있는데, 이곳은 조선시대 대표적인 원림 소쇄원이 위치한 곳이기도 하다. 원림(園林)은 사전적인 의미로 집터에 딸린 뜰이나 공원의 수풀을 이르는 말이다. 유홍준 교수는 원림을 두고 "정원이 일반적으로 도심 속의 주택에서 인위적인 조경작업을 통하여 동산의 분위기를 연출한 것이라면, 원림은 교외에서 동산과 숲의 자연 상태를 그대로 조경으로 삼으면서 적절한 위치에 집칸과 정자를 배치한 것이다."라고 설명했다. 즉, 원림은 인위적인 조경이 아니라 자연과 어우러지는 정원이라 할 수 있다.

《한국의 정원》을 펴낸 주남철 교수 역시 "한국에서는 배산임수의 원리를 이용해 집을 지어 뒤편의 북쪽 정원에 동산이 생기는데, 이를 활용

담장 밑에 구멍을 뚫어 물이 흐를 수 있도록 한 오곡문. 엉성한 받침돌 위에 걸려 있는 담장이 5백 년 동안 견고히 서 있다.

해 정원을 꾸몄다."라고 설명했다. 때문에 한국의 정원은 작은 산이나 폭포를 만들어 인공 정원을 조성한 일본이나 연못을 파낸 흙을 옆에 쌓아 언덕과 산을 만드는 거대한 규모의 중국 정원과 확연히 구별된다. 이런 의미에서 소쇄원은 한국 정원인 원림의 특징이 그대로 나타나 있다.

홍문관 대사헌을 지냈던 양산보는 조광조의 제자로, 기묘사화가 일어나 조광조가 사사되자 관직을 버리고 고향으로 내려와 소쇄원을 지었다고 한다.

봄에는 매화가 으뜸이고 여름에는 배롱나무가 흐드러지며 가을엔 단

봉황을 기다리는 집이라는 뜻을 가진 대봉대. 소쇄원에서 가장 먼저 만날 수 있는 소박한 초가정자다.

소쇄원 제월당은 정자라기보다는 정사(亭舍)의 성격을 띠는 건물로 주인이 거처하며 조용히 독서하는 곳이었다.

풍이 물드는 소쇄원은 숲 속의 계곡과 어우러진 정자와 간간이 눈에 띄긴 하나 전혀 어색하지 않은 사람의 흔적을 발견하는 호젓하고 여유가 넘치는 곳이다.

소쇄원에 들어서기 전 섣불리 지나치지 말아야 할 것이 있다. 바로 이곳을 둘러치고 있는 담이다.

소쇄원에는 다른 원림에서 좀처럼 볼 수 없는 매우 독특한 담장이 존재한다. 자연과 벗삼아 그와 하나가 되는 것이 한국 정원의 특징이기 때문에 공간과 공간을 구별하는 담이 언뜻 어울리지 않아 보인다. 그러나 흙과 돌로 쌓은 2미터 남짓의 담장은 폐쇄적인 성격과는 거리가 멀다. 소쇄원의 담장은 원래 있던 나무와 계곡처럼 자연스럽다. 이 담장을 따라 걷다보면 이곳이 갇힌 공간으로 느껴지지 않는다.

소쇄원에는 대문이 없다. 대문이 없으니 담이 존재해도 열린 공간이다. 담을 따라가면 담장 밑에 구멍을 뚫어 물이 흐르는 곳을 발견할 수 있는데, 바로 오곡문이다. 소쇄원에 유일하게 있는 문은 사람이 아니라 물과 바람, 공기가 오가는 문이다.

소쇄원의 명성을 듣고 이곳을 방문한 여행객들은 처음에는 수수하다 못해 볼거리가 없다고 느낄 것이다. 자연이 건물이고 건물이 자연 속에 있기 때문에 화려함도 웅장한 볼거리도 없다.

하다못해 봉황을 기다린다는 거창한 이름의 대봉대도 한낱 초가정자일 뿐이다. 중국에서 가장 오래된 지리서인 《산해경(山海經)》에 '동방군자의 나라에 봉황이 나타나면 질서가 잡히고 평화가 찾아와서 천하가 태평해진다.'고 했으니 대봉대는 허술해 보여도 뜻만큼은 주인의 깊은 생각을 담고 있다.

비가 갠 뒤의 맑은 달이란 뜻을 가진 제월당에 앉아 맑고 산뜻한 마음

담양군이 성인산 일대에 조성하여 2003년 5월 개원한 죽녹원. 죽림욕을 즐길 수 있으며, 총 2.2킬로미터에 이르는 산책로는 8가지 주제로 구성되어 있다.

으로 그 옛날의 양산보처럼 느긋하게 독서를 하면서 발아래 대나무 숲과 개울을 즐기다보면 왜 이곳이 사람을 끄는 매력이 있는지 알게 된다.

선비 정신이 담겨 있는
| 죽녹원과 메타세콰이아 가로수길 |

　　　　　　　　　　　　소쇄원 대나무 숲이 최고라고 말하는 이도 있지만, 대개는 담양 대나무의 대명사가 된 죽녹원 대숲을 으뜸으로 친다. 담양 대나무 관광지로 첫손에 꼽히는 죽녹원은 대나무의 참맛을 느끼며 죽림욕을 즐기기에 가장 좋은 곳이다.

담양에는 기후 조건상 유난히 대나무가 많다. 5월에서 6월로 넘어갈 즈음, 담양의 죽녹원을 찾으면 하루 최대 150센티미터까지 자란다는 죽순 소리를 들을 수도 있다. 그래서 이때 담양을 찾으면 사람들이 부지런히 죽순을 재배하는 모습을 쉽게 볼 수 있다. 다른 지역에서는 벼가 사람을 먹여 살리는데, 담양에서는 대나무가 사람들을 먹여 살린다. 그래서 이곳에는 대나무밭 3마지기면 부자라는 말이 있다.

사시사철 푸른 기상을 잃지 않는 대나무는 나무 같지만 사실 나무가 아니다. 나무라면 당연히 있어야 할 나이테 대신 줄기에 마디가 있고 속은 텅 비어 있다. 나무가 아니라 벼과에 속하는 식물이기 때문이다.

죽녹원은 죽마고우길, 운수대통길, 사랑이 변치 않는 길, 철학자의 길 등 8개의 산책로로 이루어져 있다. 테마에 맞게 동행하는 이와 걸어보는 것도 재미있을 것이다. 빼곡하게 들어선 대나무를 블라인드 삼아 햇빛을 맞으며 바람에 이는 대숲을 걷다보면 온몸의 독소가 빠져나가는 느낌이 든다.

죽녹원을 나와 하천을 따라 담양의 올레길이라 불리는 관방제림, 메타세콰이아길을 걸어보는 것도 좋다. 메타세콰이아는 전설적인 인디언 지도자 세콰이아 추장의 이름을 붙인 세콰이아에 '앞'을 의미하는 '메타'라는 말을 붙인 나무다. 메타세콰이아가 줄지어 늘어선 이 길은 담양 여행의 대표적인 아이콘이 되었으며, 가장 아름다운 가로수길에도 선정되어 평일에도 1천여 명의 관광객이 이곳을 찾는다. 다른 가로수길에 비해 담양의 메타세콰이아길이 유독 매혹적인 이유는 간단하다. 어느 한군데 비뚤어지지 않고 곧게 뻗어 올라가는 나무의 생태적 특성이 담양의 또 다른 자부심인 선비 정신과 걸맞기 때문이다.

영화 〈가을로〉의 배경이었던 소쇄원과 메타세콰이아길을 걸으며 여주인공의 대사를 읊어보자.

"예쁘죠? 전에 있었던 길들의 추억이 다 이 밑에 있을 텐데. 사람들은 그 길을 잊고 이 길을 또 달리겠죠."

가을 낙엽이 물든 이 아름다운 가로수길을 걷는 모든 이들은 영화의 주인공이 될 것이다.

한국의 아름다운 길에 선정된 담양 메타세콰이아 가로수길.

담양천 북쪽 제방에 조성되어 있는 아름다운 담양 관방제림.

호남 정자문화의 보고
| 면앙정 |

　　　　　　　　　　산 좋고 물 좋은 곳에는 으레 절이 들어서 있거나 정자가 세워져 있기 마련이지만 담양에는 정자가 유독 많다. 면앙정, 송강정을 비롯해 취가정, 식영정에 이르기까지 유명한 정자가 줄줄이 들어서 있다. 조선시대의 전국 850여 개 누정(누각과 정자) 중 절반이 영남과 호남에 위치해 있었다. 영남 정자문화의 본향이 함양이라면, 호남 정자문화의 본향은 바로 담양이다.

　길가는 나그네의 쉼터로, 때로는 선비들의 풍류를 읊는 장소로, 그러다가 흥이 나면 노래가 흘러나오고 시 한 수 지어내던 곳. 자연과 사람, 문화가 자연스럽게 어우러지는 곳이 바로 정자다.

  전라남도 담양군 봉산면 제월리에 지어진 면앙정은 송순이 만년에 후학들을 양성하며 여생을 보냈던 곳이다. 겉보기에는 다소 밋밋한 정자일 수 있으나 주위의 상수리나무, 굴참나무, 밤나무가 어우러져 있으며 멀리 산과 냇물이 보이는 운치가 좋은 곳이다. 정자는 건물만 봐서는 어디서나 흔히 볼 수 있는 그저 그런 건물일 뿐이지만 유홍준 교수의 말처럼 정자의 감상 포인트는 정자 그 자체가 아니라 정자가 들어선 위치와 자연경관이다. 면앙정의 운치는 당대에도 꽤 유명했던 모양이다. 이미 여러 인사들이 이곳에 들러 시조를 읊고 갔는데, 송순의 시조만큼 면앙정의 맛을 잘 드러내는 시구절은 드물다.

  "십 년을 경영하여 초가 세 칸을 지어내니 나 한 칸, 달 한 칸에 청풍 한 칸 맡겨두고 강산은 들일 데 없으니 둘러두고 보리라." 방 세 칸짜리

담양호는 거대한 인공호수로 추월산과 금성산을 옆에 거느리고 있어 경치가 좋고 물이 맑을 뿐 아니라 빙어, 메기, 가물치, 잉어, 향어 등이 서식하고 있다.

송순의 시문활동의 근거지였던 면앙정.

송강 정철의 후손들이 그를 기리기 위해 1770년 세운 송강정. 환벽당, 식영정과 함께 정송강유적이라고 불린다.

집에 살면서 한 칸은 내가 쓰고, 한 칸은 맑은 바람에게 내어주고, 나머지 한 칸은 달에게 내어주니 다른 자연이 아무리 좋아도 더 이상 들일 곳이 없어 집을 두른 울타리처럼 그저 둘러두고 보겠다는 송순의 풍류를 그 어느 시인이 따라갈까.

담양의 가사문학을 운운할 때 흔히 송강 정철을 떠올리는데, 호남가단의 시작이며 면앙정가단을 창시한 송순 역시 가사문학에서 중요한 위치를 차지하고 있다. 자연을 예찬하고 자연에 귀의해 사는 것을 소재로 한 강호가도의 선구자라 불리는 송순은 이미 벼슬아치 시절에 그 솜씨를 뽐낸 적이 있다. 어느 날 명종이 어원(御苑)의 황국을 분에 담아 홍문관에 보내 이를 소재로 시를 지으라고 하였다. 그러나 홍문관 관원들이 왕의 마음에 들만한 시구를 지을 수가 없어서 숙직을 하던 송순에게 부탁했는데, 송순이 국화를 보고 왕에게 시를 지어 올렸다.

> 서리와 바람이 섞어친 날에 막 피어난 노란 국화를
> 좋은 화분에 가득 담아 홍문관에 보내오니
> 복숭아꽃과 오얏꽃아 너희들은 꽃인 양 하지마라. 임(임금)의 뜻을 알겠구나.

'자상특사황국옥당가(自上特賜黃菊玉堂歌)' 줄여 '옥당가'나 '황국화가(黃菊花歌)'라고도 불리는 이 시조를 듣고 왕이 크게 기뻐하며 큰 상을 내렸다고 한다. 국화처럼 절개를 지키는 신하가 되어달라는 마음으로 홍문관에 국화를 보낸 임금의 뜻을 받들어 절개를 지키겠다는 신하의 의지를 표현했으니 무슨 상인들 아깝겠는가.

임진왜란 때의 의병장 김덕령의 혼을 위로하고 그의 충정을 기리기 위해 후손이 세운 취가정. 현재의 취가정은 한국전쟁 때 불탄 것을 1955년 재건한 것이다.

식영정은 조선 명종 때 서하당(棲霞堂) 김성원이 장인인 석천(石川) 임억령을 위해 지은 정자로, 그림자도 쉬고 있는 곳이라는 뜻을 가지고 있다.

그림자가 쉬고 있는 곳
| 식영정 |

　　　　　　　　　　　소쇄원에 갔다면 바로 옆에 있는 그림자도 쉬어간다는 정자 식영정을 찾아보자. 이곳은 〈성산별곡〉이 탄생한 가사문학의 산실로 자미탄가의 높이 솟은 절벽에 자리하고 있다.

　식영정은 서하당 김성원이 그의 스승이자 장인인 임억령을 위해 지은 정자다. 김성원이 장인 임억령에게 "따라오는 그림자를 무서워하며 달아나는 사람이 자기를 숨기고 자취를 감추려는 것은 순리에 맞지 않습니다."라고 물으니, 임억령은 "외진 곳에 있는 것은 그림자를 없애려는 것이 아니라 자연과 함께하려는 것."이라고 답하며 이곳을 그림자가 쉬고 있는 곳, 식영정(息影亭)이라 부르자고 했다고 한다. 정자 이름 하나 짓는데도 많은 비유와 문학적 감성이 담겨 있다.

　이곳은 정철이 성산에 있을 때 머물렀던 곳으로 사람들은 임억령, 김성원, 고경명, 정철을 식영정 사선(四仙)이라고 불렀다고 한다. 이들은 성산의 경치 좋은 20곳을 선택하여 20수씩 모두 80수의 식영정이십영(息影亭二十詠)을 지었는데, 이는 후에 정철이 지은 〈성산별곡(星山別曲)〉의 밑바탕이 되었다.

　식영정 주인인 김성원을 부르며 시작하는 성산별곡은 성산의 풍경과 식영정, 서하당을 중심으로 변하는 사계절의 모습, 김성원의 풍류가 주 내용이다. 식영정에 앉아 자미탄 개울과 배롱나무를 내려다보며 〈성산별곡〉을 읊어보면 이곳을 왜 그림자도 쉬고 있는 곳이라고 하는지를 알게 된다.

어떤 지나가는 사람이 성산에 머물면서 하는 말이

서하당 식영정 주인아 내 말 들어보소

인생 속세에도 좋은 일이 많은데

어쩌자고 강산을 갈수록 좋게 여겨

적막 산중에 들어서는 아니 나오시는고

소나무 뿌리를 다시 쓸고 대나무 침상에 자리를 잡고

잠깐 올라 앉아 어떤가 다시 보니

하늘가에 떠 있는 구름 서석(瑞石)을 집을 삼아

나는 듯 드는 모양이 주인과 어떠한고

맑은 시내의 흰 물결이 정자 앞에 둘러 있으니

직녀가 짠 아름다운 비단(은하수)을 뉘라서 베어내어

잇는 듯 펼치는 듯 야단스럽기도 야단스럽구나

산중에 달력이 없어 계절을 모르더니

눈 아래 헤쳐 있는 경치 철철이 나타나니

듣고 보는 모든 것들이 신선의 땅이로다

봄과 여름의 수채화,
겨울의 수묵화를 품은 곳
전라남도 보성

斗酌星河煮夜茶
茶煙冷鎖月中桂

북두로 은하수를 길어 밤에 차를 달이니
차 향기 피어나 달 속 계수나무를 차갑게 감싸네.

진각국사 혜심 〈인월대(隣月臺)〉

은하수를 길어 차를 음미했다던 진각국사 혜심의 차 사랑은 남달랐다. 북두의 은하수를 길어 차를 달여 마시고 세상을 고요하게 뒤덮은 눈을 한 움큼 떠 차를 마신 그의 낭만과 풍류를 따라갈 이가 몇이나 될까.

진각국사가 즐겨 마셨다는 작설차는 곡우와 입하 사이에 차나무의 새싹을 따서 만든 것으로 잎의 끝 모양이 참새의 혀와 닮았다고 하여 작설(雀舌)차라 부르는데, 고려 말 이제현이 "송광화상이 차를 보내준 고마움에 대해 붓 가는 대로 적어 장하에 보냄."이라는 차시(茶詩)에 처음 기록되어 있다. 이후 신숙주, 김시습, 정약용 등이 그 깊은 향과 맛을 시로 노래했다. 시대가 흘러 그들의 풍류를 느낄 수 없다 해도 작설차의 향과 맛을 제대로 느끼고 싶다면 봄날의 보성을 찾으면 된다.

나뭇가지마다 핀 봄꽃 축제
| 대원사 벚꽃길 |

보성은 한파를 이기고 새순이 연녹색을 띠며 발하는 봄 향기를 진하게 느낄 수 있는 곳 중 하나다. 광주에서 화순을 거쳐 보성에 들어서면 대원사 벚꽃이 봄맞이 객들을 반갑게 맞이한다.

대원사의 벚나무는 일명 왕벚나무로 우리가 보던 벚나무와 조금 다르

대원사 벚꽃길. 주변에 보성 군립 백민미술관, 주암호, 서재필 기념관 등이 있어 볼거리가 풍부하다.

다. 가지가 옆으로 넓게 퍼진 것이 아니라 하늘로 뻗어 날씬한 자태를 뽐내며 하얗고 풍성하게 벚꽃이 피어 멀리서 보면 나뭇가지마다 눈꽃이 내려앉은 듯한 모습이 장관이다.

대원사 벚꽃길은 구불구불 아기자기 이어진 좁은 도로여서 차로 달리며 감상하기보다는 천천히 걸어야 벚꽃을 제대로 볼 수 있다. 행여 날씨가 궂어 봄비가 내리는 날이면 비를 맞아 떨어지는 벚꽃길을 걸을 수 있으니 운치가 그만이다.

5킬로미터 정도에 걸쳐 펼쳐진 벚꽃길을 통과하면 대원사 일주문과 '우리는 한꽃'이라는 현판이 걸려 있는 일화문에 도착한다. 일화문을 통과하여 대원사 경내로 들어가면 연꽃생태공원이 있는데, 세계 여러 나라에서 모은 연꽃과 수련의 종류가 108여 종이 있고, 다른 수생식물도 50종이나 된다.

낙태아의 영혼을 구원해주는 대원사 태안지장보살. 태아령 천도를 위해 1년에 2번씩 백일기도를 드리고 있다.

1 중국에서 지장보살로서 존경받았던 김교각 스님을 모시는 김지장전.
2 대원사의 용서하는 왕목탁. 여기에 머리를 부딪치면 나쁜 기억이 사라지고 정신이 맑아진다는 속설이 있다.

대원사 극락전. 통일신라시대에 큰 사찰의 면모를 갖추었고, 이후 여러 차례 수리되었다. 다포식 건물이 일반적으로 팔작지붕인데, 이곳은 맞배지붕으로 되어 있어 특이하다.

대원사는 세상에 나오지 못하고 죽은 태아의 영혼을 천도하는 '태아령 천도' 사찰이다. 그래서 다른 사찰과는 달리 특이하게 태아를 형상화한 빨간 모자를 쓰고 있는 특이한 아기불상이 여러 개 있다. 빨간 모자는 어머니를 상징한다.

사찰에는 대웅전만큼 규모가 큰 극락전이 있는데, 극락전이란 극락세계에서 살면서 중생에게 자비를 베푸는 아미타불을 모시는 곳으로 극락보전, 무량수전, 무량전, 보광명전, 아미타전이라고도 한다.

이 극락전 뒤로 중국에서 지장보살의 화신으로 모신다는 신라왕자 김교각 스님의 기념관인 김지장전과 어머니 산신을 모시는 성모각 등이 천봉산 자락을 배경으로 세워져 있어 봄볕을 즐기며 느긋하게 산책하기에 좋다. 이렇게 나른한 봄을 느끼며 한가롭게 거니는 것도 보성 나들이의 빼놓을 수 없는 재미지만, 보성 나들이의 백미는 역시 이곳이 아닐까.

끝없는 초록빛 물결이 한 폭의 수채화 같은 대한다원.

찻잎은 보통 4월 하순부터 5월 하순까지 따며, 따는 시기에 따라 우전, 세작, 중작, 대작으로 분류한다.

봄, 여름, 겨울 삼색의 매력
| 대한다원 |

　　　　　　　　　　　보성하면 모든 이들이 맨 처음 떠올리는 것은 드넓게 펼쳐진 푸른 차밭이다. 무려 약 330만 평의 차밭이 펼쳐진 보성은 명실상부 국내 최대의 차 산지다. 차는 물 빠짐이 좋고 일교차가 큰 곳에서 생산하는 것이 좋다. 그런 점에서 산을 개간해서 만든 보성의 차는 야생차의 맛과 향에 뒤지지 않는다.

　이곳은 범접할 수 없는 재배지의 면모를 자랑하기도 하지만 동시에 여행객의 마음을 사로잡는 그 무언가가 있는데, 바로 안개다. 밤새 한껏

대한다원 삼나무길. 20미터 높이의 삼나무들이 5백 미터 가량의 숲길을 이루고 있는데, 이국적인 분위기를 풍기며 대한다원의 명물로 자리잡았다.

부풀어 오른 안개가 산 중턱까지 차밭에 내려앉은 광경은 여타의 운무에 비할 바가 아니다. 그러니 보성을 여행하는 사람들은 무척이나 부지런해야 한다. 새벽에 일어나 구불구불 이어진 차밭길을 따라 안개 속을 헤매는 수고를 해야 하기 때문이다. 이제부터 보성 제일의 명소인 차밭으로 본격적인 여행을 떠나보자.

보성에는 대한다원, 동양다원, 봇재다원 등 대형 다원이 여러 개가 있다. 그중 우리가 드라마나 CF에서 자주 보았던 곳은 대한다원이다. 1957년부터 차를 재배한 대한다원은 사진 한 장으로 모든 것을 설명하고 있다.

계단식 고랑의 끝없는 물결, 한 계단 한 계단 밟고 오를 때마다 눈이 부신 초록빛 바다는 더욱 푸르러진다. 차밭 전망대로 가는 108계단을 모두 오를 필요도 없이 중간에 멈춰서 숨을 고르며 둘러봐도 저절로 감탄사가 나오는 곳, 바로 보성 차밭이다. 그러나 그림 같은 초록 융단을 기대하며 무서운 속도로 차밭에 당도했다면 이제부터는 달력 그림 같은 풍경을 두근거리는 마음으로 기다리며 조금 아껴두자. 보성의 백미는 물론 차밭이지만 경주마처럼 돌진하다간 숨은 전경을 놓칠 수 있기 때문이다.

다원의 녹차향만큼 그윽한 향이 코끝을 스친다. 다원을 들어서기 전 길게 늘어선 삼나무 숲길은 매우 환상적이다. 은은한 삼나무향을 맡으며 천천히 다원의 경치를 마음속으로 그리며 걷다보면 삼나무향과 녹차향이 어우러진 달콤한 봄의 향기를 맡을 수 있다.

이렇게 삼나무 숲길을 따라 연둣빛 녹차의 향을 따라가면 어느덧 때깔 고운 녹차밭 한가운데에 도착하게 된다. 푸르름이 절정에 달한 여름 녹차밭이 대중가요라면, 불어오는 바람마다 설레는 향기가 물씬 풍기는 봄은 교향곡이라고 할 수 있다. 굽이치듯 산비탈을 가득 메우고 있는 나무와 굽이굽이 이어지는 푸르른 차밭, 그 가운데 하얀 사과꽃이 소담스럽게 피어 있다.

만약 누군가 5월의 보성을 찾았다면 여름날 보성의 매력에 마력을 하나 더 추가한 것이다.

수묵화의 단아함
| 겨울의 차밭 |

초록을 빼고는 도저히 상상되지 않는 보성의 차밭을 눈이 내리는 한겨울에 가보자. 숨이 막히고 폐 속 깊이 풀빛으로 염색될 것 같은 여름의 초록은 없지만, 우리의 상상을 초월하는 설경이 펼쳐져 있다.

산비탈을 오르며 차곡차곡 쌓인 계단 위로 굽이쳐 오르는 설경을 마주하고 있으면 담담하게 그렸으나, 그 담담함이 멋스러운 수묵화를 감상하는 느낌이다. 멋을 내려 꾸미지 않았으나 여백의 미와 간결한 선으로 예술의 경지에 오른 수묵화. 그래서 보고 있으면 가슴 시린 애잔함이 전해지고 다음 해에도, 그 다음 겨울에도 다시 찾게 되는 곳이 바로 겨울의 보성이다.

보성에서 흔히 말하는 소리길, 서편제의 감동을 기대하는 이들은 반드시 겨울의 보성을 찾아야 한다. 섬진강을 중심으로 광주, 나주, 강진, 해남, 보성을 따라 발달한 서편제는 똬리를 틀며 한없이 이어진 보성 차밭만큼 우여곡절이 많은 여성적인 판소리다. 그래서 애잔하고 슬픈 것이 서편제의 특징이다. 한때 전국을 판소리 열풍으로 몰아넣었던 영화 〈서편제〉의 감동은 초록의 녹차밭이 아니라 시린 찬바람과 한없는 눈길로

수묵화의 단아함이 느껴지는 겨울의 보성 차밭.

이어진 겨울의 보성을 봐야지만 그 여운을 느낄 수 있다.

그리고 이 감동을 백 배 느끼고 싶다면 소리꾼들이 고개를 넘다 소리판을 펼쳤다 해서 소리고개라고 불리는 봇재에 올라야 한다. 봄과 여름에 봇재에서 내려다본 차밭이 녹색 바다라면, 봇재에서 내려다본 겨울 차밭은 한 폭의 수묵화요, 가슴 설레는 크리스마스카드다.

봇재에는 느지막한 시간에 오르는 것이 좋다. 해가 지고 어둠이 깔리면 낮에 보았던 순백의 전경에 알록달록한 꼬마전구들이 켜지면서 은하수 터널이 생기고 대형 트리가 나타난다. 매년 연말쯤 보성 차밭을 찾으면 크리스마스 기분을 제대로 느낄 수 있을 것이다.

대중적인 것은 결코 나쁜 것이 아니다. 누구나 납득할 만큼 아름답기 때문에 여름의 보성은 대중적이다. 그런 반면, 여름만큼은 아니지만 이 고장의 매력을 아는 이가 찾는 봄날의 보성은 그런 의미에서 명품이라

봇재에 끝없이 펼쳐진 계단식 고랑이 능선 전체를 뒤덮고 있다.

할 수 있다. 그리고 마지막으로 겨울의 보성은 마니아와 고수들만이 알고 즐기는 보물이다. 자, 이제 어느 계절이든 상관없이 보성이 여행지라면 지금 당장 짐을 꾸리자. 언제 떠나도 보성은 항상 아름답고 기억에 남는 여행지가 될 것이다.

쪽빛 바다에서 건져낸

보물섬

전라남도 신안

미국의 뉴스 전문 채널인 CNN은 'CNN Go'를 통해 서울을 제외한 한국에서 꼭 가봐야 할 아름다운 장소 50선을 선정해서 발표했다. 이 리스트에는 보성 녹차밭, 담양 죽녹원, 성산 일출봉 등 내로라하는 대표적인 관광지들이 포함되어 있었다. 그런데 굵직한 명소들 사이로 낯익은 지역들이 간간이 눈에 띈다. 우포늪은 최근 들어 생태학적으로 주목받는 곳이고, 제주의 섭지코지는 드라마 덕을 톡톡히 봤다고 넘어갈 수 있다. 그런데 그 많은 명소를 제쳐두고 증도 염전이 꼽혔다는 건 좀 의아하지 않은가? 그렇다면 이제 천사(1,004)의 섬 신안으로 여행을 떠나보자. 그럼 왜 신안이 한국의 50선에 당당히 이름을 올렸는지 납득할 수 있을 것이다.

시간도 천천히 흐르는 느림의 미학을 찾아서
| 신안 증도 염전 |

　　　　　　　　전라남도 신안군은 대한민국에서 유일하게 1천 개가 넘는 섬으로 이루어진 곳이다. 다도해의 볼거리가 풍성하며 섬들이 저마다 장관을 뽐내고 있다. 그중 특히 증도는 아시아 최초로 '슬로시티(SLOW CITY)'에 지정되어 떠오르는 관광지로 각광받

고 있다.

슬로시티란 인구 5만 명 이하의 소도시로, 고유의 문화유산을 지키고 자연친화적인 농법을 사용하며 삶의 방식이 '속도'가 아닌 '사람'이 중심인 곳을 말한다. 이 슬로시티를 제대로 체험하고 싶다면 당연히 증도를 방문해야 한다.

증도는 총천연색의 꽃물결이 관광객을 반기지도 않고, 화려한 단풍이나 울창한 숲이 사람들의 마음을 사로잡는 일도 없다. 이곳을 방문한 이들이 맨 처음 보는 것은 쪽빛 하늘 아래 끝없이 펼쳐진 무채색 갯벌이다. 이 갯벌을 가로질러 우전해수욕장과 중동리를 연결하는 짱뚱어다리가 유일한 건축물이다. 보는 순간 감탄사가 절로 나오는 광경을 기대하는 이들에게는 당황스러울지 몰라도, 느림의 미학을 곱씹으며 갯벌을 즐기

무인도들이 점점이 떠 있는 수평선이 아름다운 우전해수욕장.

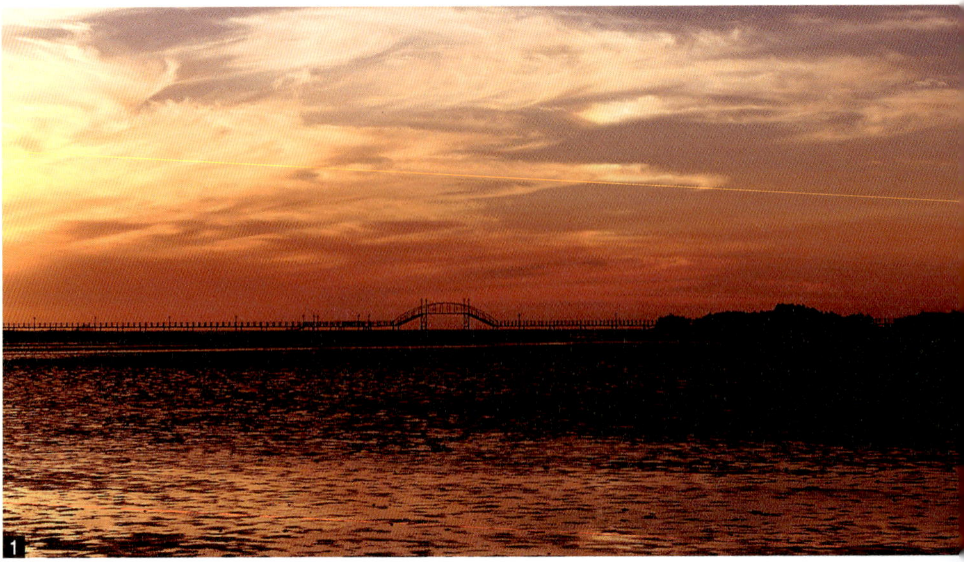

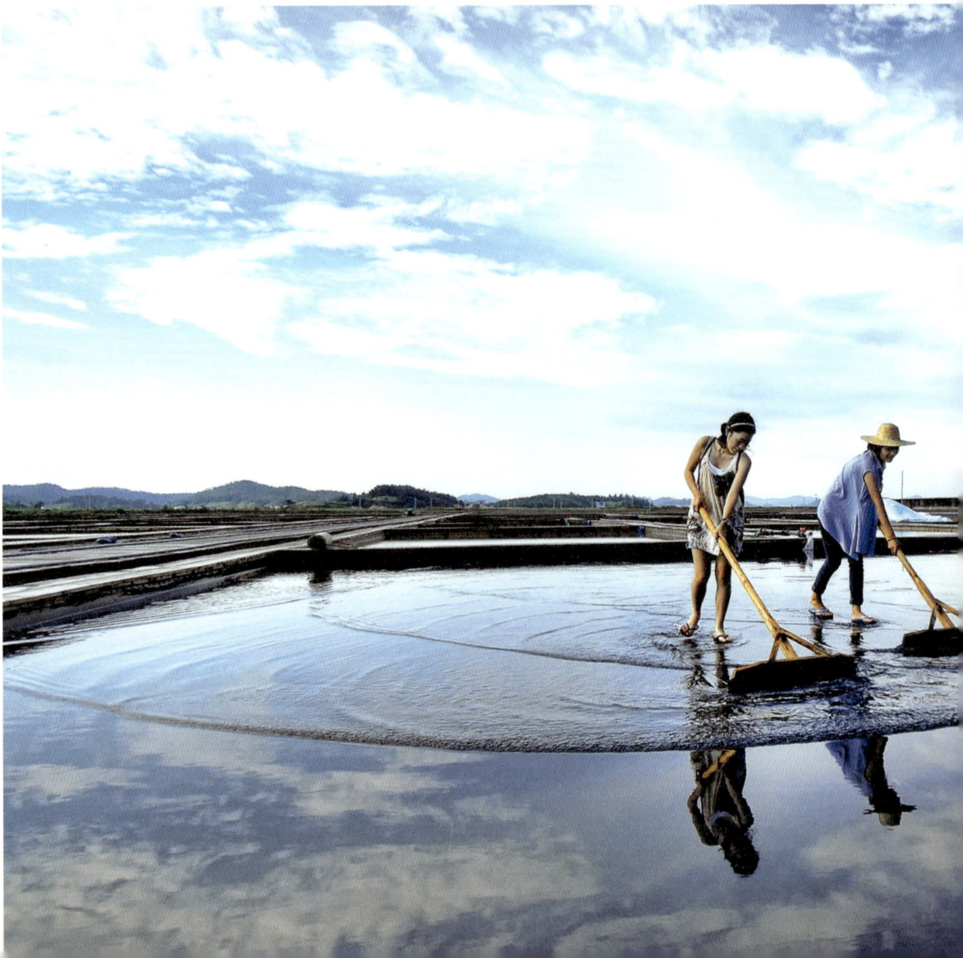

1 짱뚱어다리에 걸쳐져 있는 노을빛이 증도의 하늘을 붉게 물들이고 있다.

2 해질녘 하늘이 거울처럼 태평염전에 그대로 비쳐져 있다. 태평염전은 단일 염전으로 국내 최대 규모를 자랑한다.

3 태양과 바람에 의해 자연 그대로의 천일염을 생산해내는 신안 증도 염전.

고 싶은 이들에게는 시간이 갈수록 마음에 남는 곳이다.

이른 아침 부지런히 움직인 객들은 짱뚱어다리에서 염전을 붉게 물들이며 솟아오르는 해돋이 장관을 볼 수 있고, 인내심이 많은 객은 바닷속으로 떨어지는 황금빛 노을을 감상할 수 있다.

그 때문일까, 이곳에서 나는 수확물도 끝없는 인내를 필요로 한다. 전국에서 가장 많은 염전이 있다는 증도는 우리나라 천일염 최대 생산지다. 천일염을 만들어내는 것은 바닷물과 태양일 것이나 천일염을 수확하기 위해서는 인내와 농부의 땀이 필요하다.

과거 바닷물의 농도를 높여 가마에서 끓인 후 소금을 얻어내던 화염법이 사용되던 시대에는 펄밭에 바닷물을 모아 황소로 써레질을 했다. 써레질을 자주 할수록 갯벌이 잘 마르고 소금의

세계 5대 습지 중 하나로 다양한 생물과 생태적인 우수성을 인정받아 2011년 9월 람사르습지로 공식 지정된 증도 갯벌.

증도 갯벌의 함초. 갯벌에는 함초나 여러 가지 염생식물이 많이 자라는데, 가을이 되면 붉게 물들어 또 다른 경치를 보여준다.

태평염전 입구에 자리하고 있는 소금박물관. 1953년 태평염전을 조성할 때 지은 석조 소금창고를 최대한 보존해 박물관으로 꾸몄다.

염도가 우수했다. 그러나 이 과정이 어찌나 고되던지 써레질을 하던 황소도 펄밭에 드러눕는 일이 많았다고 한다.

바다와 갯벌이 많은 증도 방문의 가장 적기는 여름이겠으나 가을에 만나는 증도도 아주 색다르다. 가을 증도는 어디에서도 볼 수 없는 붉은 색으로 물든다. 바로 함초 때문이다. 이 함초를 보려면 8~9월에 증도를 찾아야 한다. 마치 칠면조처럼 색이 변한다 하여 함초라 불리는 이 식물은 가을이 되면 줄기와 몸 전체가 붉은빛이 도는 자주색을 띤다. 해는 아직 중천이지만 이미 갯벌은 노을이 가라앉은 듯 붉디붉다. 봄에 푸르게 피어 여름을 지낸 함초가 가을을 맞아 온 갯벌에 단풍을 드리운 까닭이다. 지금까지 산속에 있는 오색 단풍을 보아왔다면, 이번에는 바다의 단풍을 감상하는 건 어떨까? 그 감동과 여운은 어느 가을산 단풍 못지않을 것이다.

뭍이 그리운 아가씨의 섬
| 흑산도 |

최근 신안에 예쁜 별명이 붙었다. '천사의 섬.' 무인도 789개, 유인도 91개, 여기에 새로 찾아낸 크고 작은 섬이 추가되면서 1,004개의 섬으로 이루어졌다 해서 붙여진 이름이다. 제각기 다른 매력으로 관광객을 사로잡는 신안의 섬들 중 가장 눈에 띄는 건 단연 흑산도와 홍도다. 산과 바다가 푸르다 못해 검게 보인다고 해서 이름 붙여진 흑산도는 과거 천주교를 전파하다 유배된 정약용의 형인 정약전과 구한말 강화도조약에 반대하는 상소문을 올린 최익현의 유배지였다. 그리고 그 유명한 노래 '흑산도 아가씨'의 본고장이기도 하다.

목포에서도 페리호를 타고 2시간 정도 달려야 도착하는 흑산도에서는 육지가 보이지 않는다. 고작해야 아주 맑은 날 가까이에 있는 섬만 볼 수 있을 뿐, 평상시에 보이는 것은 온통 바다뿐이다. 그러나 상라산 전망대에 올라 동해의 장쾌함과 서해의 애잔함, 남해의 잔잔함을 한곳에 모아놓은 듯한 흑산도 바다의 장관을 보고 있으면 뭍에 대한 생각은 잠시 접게 된다.

한때 하루에 2천여 대 이상의 배가 몰려들어 성황을 이루었다는 흑산도 예리항의 파시와 각종 유흥업소, 흑산도 아가씨는 온데간데없지만 빼어난 절경만큼은 변하지 않고 남아 이곳을 찾는 관광객을 맞고 있다.

1 상라산 전망대 입구에 있는 흑산도 아가씨 노래비.
2 싱싱한 홍어가 널려 있는 흑산도 위판장의 모습. 예로부터 흑산도는 육질이 차지고 맛이 좋은 홍어로 유명하다.
3 상라산 전망대에 있는 상라정. 흑산도의 아름다운 전경을 한눈에 볼 수 있다.

쪽빛 바다의 붉은 보석
| 홍도 |

　　　　　　　　　　신안 바다에 있는 애잔하다 못해 눈시울이 붉어질 듯 아름다운 섬이 바로 홍도다. 연간 20만 명 가까이 되는 사람들이 찾는다는 홍도. 무엇이 그토록 많은 사람들을 이 조그만 섬으로 끌어들이고 있는 걸까?

　홍도는 흑산도에서도 배를 타고 더 들어가는데, 흑산도 선착장에서 30분이면 닿는 섬이지만 파도가 높거나 태풍이 불면 흑산도가 끝이며 홍도까지는 갈 수 없다. 때문에 홍도를 제대로 보지 못하고 돌아간 이가 태반이다.

　온통 바위섬으로 이루어진 홍도에는 좁은 텃밭도 찾아보기 힘들다. 그래서 사람들은 배를 타고 쌀과 생필품들을 섬으로 실어 나른다. 물도 전

1 홍도를 수호한다는 거북바위.
2 서울에 있는 독립문을 닮은 독립문 바위.
3 행운의 문, 해탈의 문이라고도 불리는 남문바위.

다양한 전설과 기묘한 형상을 간직한 기암이 형언할 수 없는 절경을 이루고 있는 홍도.

기도 귀한 섬이지만 사람들은 이 섬을 떠나지 않았다. 그들은 홍도의 아름다운 풍경을 벗삼아 살다 보니 시간 가는 줄 몰랐다고 한다.

해질녘 섬 전체가 붉게 빛난다는 홍도. 홍도에서 유람선을 타고 섬 일주를 하다보면 작은 배가 지나다닐 수 있다는 남문바위, 독립문을 닮았다는 독립문바위, 홍도를 수호한다는 거북바위 등을 볼 수 있는데 모두 하나의 예술품처럼 아름답다.

홍도의 절경은 여기서 끝이 아니다. 홍도의 또 다른 매력인 등대가 있는 홍도 2구도 있다. 1931년 세워져 아직까지도 20초에 3번씩 반짝이며 45킬로미터 떨어진 곳까지 어둠을 밝혀주고 있는 등대를 볼 수 있다. 1965년 섬 전체가 천연기념물로 지정된 홍도는 개발이 원천 봉쇄된 섬이다. 그 원시림의 자연 속에서 1백 년이 넘도록 바다를 비추는 하얀 등

이국적인 자연 풍광과 어우러진 하얀 등대. 뱃사람들의 길잡이로만 쓰이던 등대가 요즘은 관광명소로 변신하고 있다.

대는 수채화처럼 아름답다.

마음속에 한번 그려보라. 바다는 마치 동해처럼 깊고 푸르다. 그 바다 한가운데 안개 속을 헤매다 만난 홍갈색 기암괴석으로 이루어진 섬이 보이고, 그 섬에서는 사시사철 푸른 소나무 사이로 붉은 동백꽃이 한창이다. 그 찬란한 붉은 보석에 정점을 찍은 하얀 등대. 그 등대에 불이 켜지면 보는 이의 마음에는 한 폭의 그림이 그려진다.

대한민국 최남단
땅끝에서 만나는 고요함
전라남도 해남

내 벗이 몇인가 하니 수석과 송죽이라 동산에 달 오르니 그 더욱 반갑구나.
두어라 이 다섯밖에 또 더하여 무엇하리
구름 빛이 좋다 하나 검기를 자주 한다.
바람 소리 맑다 하나 그칠 적이 하도 많다.
좋고도 그칠 것 없기는 물뿐인가 하노라.
꽃은 무슨 일로 피면서 쉬이 지고 풀은 어이하여 푸르른 듯 누르나니
아마도 변치 않음은 바위뿐인가 하노라.
더우면 꽃피고 추우면 잎 지거늘 솔아 너는 어찌 눈서리를 모르느냐
지하의 뿌리 곧은 줄을 그것으로 아노라.

윤선도 〈오우가(五友歌)〉

우리나라 최남단 해남을 찾는 이들은 으레 '땅끝'이라는 단어를 따라간다. 그래서 땅끝에 갔으니 '땅끝마을'을 가고 '땅끝전망대'와 '땅끝탑'에

기를 쓰고 오른다. 여기에 '기왕 이곳까지 왔으니'라는 욕심이 생기면서 일출과 일몰을 한번에 보려 한다. 이 모든 것이 '땅끝'이라는 상징적인 단어 때문에 생기는 일이다.

물론 쉽게 갈 수 있는 곳이 아니기에 시간을 내고, 계획을 짜서 가야 하는 것이 맞다. 하지만 그 때문에 우리는 해남에 와서도 해남을 제대로 보지 못했는지 모른다. 이제부터 '땅끝'이란 단어를 빼고 다시 살펴보자. 그럼 해남의 모습이 다르게 보일 것이다.

땅끝을 지키는 등불인 봉화를 형상화한 갈두산 땅끝전망대. 이곳에 오르면 신비로운 남도의 풍광을 감상할 수 있다.

침묵 속에 나를 잠재우는 여행
| 사찰 여행 |

우리는 너무 많은 소음에 길들여져 있다. 자동차들의 경적소리, 건설현장에서 들리는 소음, 새로 오픈한 가게의 시끌벅적한 이벤트, 빠른 템포의 음악들, 1초의 침묵도 허락하지 않고 떠들어대는 텔레비전……. 그래서 우리는 침묵이 어색하다. 그러다 어느 날 갑자기 침묵이 이어지면 무슨 큰일이라도 일어날 듯 불안이 엄습해온다. 너무 많이 들어 식상할 수도 있지만 침묵은 금이다. 가끔은 수많은 말보다 침묵이 정직할 때가 있고, 수많은 고백보다 침묵이 더 절실하게 느껴질 때가 있다. 침묵은 시간을 방치하는 것이 아니라 시간을 채우는 것이다. 그래서 가끔 우리는 침묵할 시간이 필요하다.

신록이 우거진 대흥사 전경. 이 절은 특이한 가람배치를 보이고 있는데, 절을 가로지르는 금당천을 사이에 두고 북쪽과 남쪽으로 당우들이 자유롭게 배치되어 있다.

그런 의미에서 침묵이 어색하지 않고 익숙한 곳은 역시 사찰이다. 머나먼 땅끝까지 와서 무언가를 얻어가겠다고 결심한 것이 아니라면 한 번쯤 무언가를 버리는 것도 의미 있는 일이다. 그런데 아무리 생각해도 침묵이 자신 없다면 템플스테이를 신청해보는 것은 어떨까.

해남을 대표하는 사찰은 대흥사다. 1만 년 동안 훼손되지 않고 화재, 인재, 수재가 닥치지 않을 삼재불입지처에 세워졌다는 대흥사는 1천 개의 불상이 모셔진 곳이라 한 번만 절을 해도 1천 번 절한 것 같다는 절로 유명하다. 뿐만 아니라 정조의 '표충사', 추사 김정희의 '무량수각', 원교 이광사의 '대웅보전', 이삼만의 '가허루' 등 유명 인사의 현판이 걸린 사찰로도 알려져 있다. 그래서 그런지 대흥사는 침묵이라는 단어와 사뭇 어울리지 않는 느낌이다. 좀 더 조용한 곳은 없을까?

단청하지 않거나 소소한 단청만을 해 소박하면서도 자연스러움이 묻어나는 미황사.

　아담하고 조용한 사찰. 단청마저 소소해 소박하면서도 자연스러움이 묻어나는 사찰. 해남군 송지면 서정리 달마산에 위치해 있는 미황사는 이렇게 침묵과 마주하기에 더없이 좋은 곳이다. 사찰의 밤은 지나가는 바람의 소리까지 귀에 걸릴 정도로 조용하다. 딱히 소원이 없다 해도 마당을 빙빙 돌다보면 복잡했던 머릿속의 실타래가 하나씩 정리되는 느낌이 들 것이다. 그렇다고 밤을 새우지는 말자. 사찰의 아침이 꽤 일찍 시작하기 때문이다.

　새벽 4시, 사찰을 울리는 스님의 목탁 소리가 알람을 대신한다. 단잠을 깨우는 소리는 신경에 거슬리기 마련인데 이상하게 목탁 소리는 개운하게 느껴진다. 머리를 몇 번 흔들어 잠자리를 털고 일어나면 대웅보전으로 향해야 한다. 새벽 예불 시간이다. 설령 종교가 다르다 해도 한 번쯤 예불 의식에 참가해보자. 엄숙한 예불 의식 분위기는 나를 다잡는

미황사 범종각. 이른 새벽 먼 산을 치고 다시 돌아오는 종소리가 산사의 새벽을 깨워준다.

시간이 될 것이다.

 새벽 예불을 마치고 명상 수련으로 잡념을 없애고 나면 산사의 음식을 맛볼 수 있는 아침 공양 시간이다. 사찰 음식은 몸을 가볍게 해주고, 자극적이지 않아 더욱 좋다. 자, 배를 채웠으면 그만큼 일을 해야 한다. 템플스테이를 하는 이들은 대부분 절집 곳곳을 청소하거나 음식을 준비하는 공양간의 일을 거든다. 이것이 바로 여러 사람이 힘을 합해 일을 끝내는 '울력'이다. 울력이 끝나면 드디어 자유 시간이다. 이제 찬찬히 미황사를 살펴보며 절에 얽힌 재밌는 전설도 들어보자.

 신라 경덕왕(749년) 때 어느 날 돌로 만든 배가 달마사 아래 부두에 닿았는데 그 배에서 범패소리가 들렸다고 한다. 그 소리를 따라간 어부가 배로 다가갔지만 배는 자꾸 멀어져갔다. 이 소문을 들은 의조화상이 스님들과 동네 사람 1백여 명을 이끌고 포구로 가자 그때서야 배가 다가왔

미황사에서는 매년 여름과 겨울의 방학 기간에 7박 8일간 합숙하며 단기출가 형식으로 '한문학당'을 운영한다.

미황사는 보물 1342호로 지정된 괘불탱화를 모시고 있는 절로, 매년 가을에 괘불제가 열린다.

다. 그 배에는 화엄경을 비롯한 법화경, 탱화, 금환, 검은 돌이 가득했다. 그런데 검은 돌이 갈라지면서 그 속에서 소가 나와 소에 불상과 경전 등을 싣고 길을 나섰는데, 소가 갑자기 쓰러지며 아름다운 울음소리를 냈다고 한다. 이 소가 쓰러진 곳에 세워진 절이 바로 미황사라는 것이다. 이 전설은 대웅전 기둥 받침에 돌과 거북이, 파도 문향으로 남아 있다.

5백 년 비자나무 숲에서 들리는 빗소리
| 녹우당 |

남도는 어느 곳을 찾아가도 이상하게 고향 같은 느낌이다. 아마 누가 와도 상다리가 휘어지도록 한 상 그득하게 차려내는 넉넉한 인심 때문일 것이다. 만약 고향이 있다면, 그래서

녹우당은 고산 윤선도의 고택이자, 해남 윤씨의 종택이다.

　그곳을 찾아갈 기회가 있다면 그 고향집이 꼭 이 집을 닮았으면 하는 고택이 있는데, 바로 윤선도의 고택 녹우당이다.
　녹우(綠雨)란 늦봄과 초여름 사이 잎이 우거질 때 내리는 비를 뜻한다. 그렇다면 녹우당은 우거진 숲 속에 비가 내리는 곳이다. 푸른 숲과 비의 만남이라……. 전형적인 여름날의 풍경이 그려진다. 당호마저 예사롭지 않기에 과연 윤선도의 고택이라고 할 만하다. 하지만 여기서 녹우는 단순히 숲 속의 비가 아니다.
　이곳이 어디인가, 시상(詩想)으로는 조선 최고라 해도 과언이 아닌 고산 윤선도의 고택이 아닌가. 녹우당의 돌담길을 따라 산길을 오르면 비자나무 숲에서 불어오는 잎사귀들의 소리를 들을 수 있는데, 녹우당이라는 이름은 이 소리가 마치 비 내리는 소리처럼 들린다 하여 붙여졌다

녹우당에 찾아가면 가장 먼저 객을 맞아주는 5백 년 된 은행나무. 조선시대 사대부가의 위세를 보여준다.

고 한다. 이쯤 되면 가히 송강 정철과 함께 조선 최고의 문장가로 손꼽힌 윤선도의 시심을 짐작할 수 있을 것이다.

녹우당에서는 초록 비를 눈으로 보는 것이 아닌 귀로 들을 수 있다. 눈이 아닌 마음을 기울이는 사람만이 맑은 날에도 비자나무 숲에서 내리는 빗소리를 들을 수 있는 것이 이 집에 내리는 초록 비의 비밀이다.

뒷산 바위가 허옇게 모습을 드러내면 마을이 가난해진다 하여 바위를 덮기 위해 심었다던 비자나무는 어느덧 숲이 되어 사철 바람에 푸른 잎을 흔들며 빗소리를 낸다.

녹우당은 원래 이곳에 지어진 것이 아니라 효종이 스승이었던 윤선도에게 하사한 집을 옮겨와 사랑채로 만든 것이었다. 집을 옮겨온다? 이사하면 될 것을 굳이 집을 옮길 필요가 있었을까 싶지만 임금이 하사한

집을 다른 이에게 팔거나 비워둘 수 없었던 까닭에 이곳까지 옮겨온 것이었다.

　임금이 집까지 하사한다는 건 대단히 영예로운 일이다. 물론 그의 충심이 앞섰을 것은 자명한 일이다. 때문에 녹우당은 집을 옮겨오는 수고까지 하면서 임금에 대한 충심과 예를 다했던 신하를 닮았다. 그래서 그런지 사시사철 들을 수 있는 초록의 빗소리가 이 집과 참 잘 어울린다.

　조용히 눈을 감고 침묵을 즐기며 빗소리를 들을 수 있고, 나를 잠재우는 템플스테이를 경험할 수 있는 곳. 그래서 해남에선 말을 아껴야 한다. 해남은 혼자라도 좋고, 함께라면 어린왕자와 여우처럼 말하지 않아도 통하는 그 무엇이 있다. 그래서 침묵이 지루하지 않고 즐거운 몇 안 되는 여행지 중 하나다.

다산의 마음이
통하는 길
전라남도 강진

국토의 최남단, 전라남도 강진과 해남을 《나의 문화유산답사기》 제1장 1절로 삼은 것은 결코 무작위의 선택이 아니다. 답사라면 사람들은 으레 경주, 부여, 공주 같은 옛 왕도의 화려한 유물을 구경 가는 일로 생각할 것이며, 나 또한 답사의 초심자 시절에는 그런 줄만 알았다. (중략) 강진과 해남은 우리 역사 속에서 단 한 번도 무대의 전면에 부상하여 화려한 스포트라이트를 받아본 일 없었으니 그 옛날의 영화를 말해주는 대단한 유적과 유물이 남아 있을 리 만무한 곳이며, 지금도 반도의 오지로 어쩌다가 나 같은 답사객의 발길이나 닿는 이 조용한 시골은 그 옛날 은둔자의 낙향지이거나 유배객의 귀양지였을 따름이다.

유홍준 《나의 문화유산답사기》

국토의 최남단으로 숱한 선비들의 유배지였던 곳, 조선시대에는 풍수지리적으로 기운이 좋지 않은 곳이라 하여 배척받았던 강진. 세월이 흘렀다고 하나 여전히 주목받지 못했던 이곳에 어느 날부터 여행객들이 찾아들기 시작했다.

강진이 어느 날 갑자기 관광지로 떠오른 데에는 유홍준 교수의 《나의 문화유산답사기》 덕이 컸다. 덕분에 유배객이 힘들게 넘고 걷던 길을 이제는 누구나 쉽게 걸을 수 있게 되었다. 이제 강진은 '남도답사 일번지'를 넘어 유홍준 교수의 바람처럼 최고의 '남한답사 일번지'가 되었다.

강진답사 일번지
| 다산초당 |

강진을 찾는 이들의 목적지는 하나다. 다산 정약용의 유배길과 그가 머물던 다산초당을 보기 위해서임은 두말할 필요가 없다. 강진은 그야말로 다산이 걷던 길, 다산이 머물던 집과 쉬던 휴식처까지 모조리 관광지가 되었다. 사람들은 오늘도 강진에서 조선 최고의 실학자, 정약용의 흔적을 좇아 깊은 산으로 들어간다.

1762년 경기도 광주에서 태어난 정약용은 어릴 때부터 영특하여 4세 때 천자문을 익혔고, 7세 때 한시를 지어 10세가 되기 전에 자작시를 모

다산초당은 다산 정약용이 유배생활 동안 실학을 집대성한 곳이다. 강진만이 한눈에 보이는 만덕산 기슭에 자리하고 있다.

아 시집을 펴냈다 하니 오늘날로 치면 영재 중 영재였다. 28세에 대과에 합격한 인재를 한눈에 알아본 것은 정조였다. 관직에 나간 지 2년 만에 당색으로 비판된 것에 불만을 품어 해미에 유배된 정약용을 열흘 만에 풀어준 이도 정조였다. 그러나 정조 승하 후 정약용은 신유사화로 기나긴 귀향생활을 시작하게 되었다.

내쳐지고 밀려난 패배자에게 고운 시선과 따뜻한 마음 씀씀이를 기대할 수 없는 건 과거에도 마찬가지였던 모양이다. 지금이야 강진이 곧 다산이고 다산을 이야기할 때 강진이 빠지지 않지만, 그가 처음 강진에 도착했을 때 이곳의 인심은 그다지 후하지 않았다.

아는 이 하나 없이 낯선 곳에 외롭게 유배된 정약용을 따뜻하게 대해준 건 읍내 주막의 한 노파였다. 다산은 이곳에서 4년을 보내면서 그 주

막을 '사의재(四宜齋)'라 불렀다. 사의재는 '마땅히 지켜야 할 4가지'란 의미로 생각은 마땅히 맑아야 하고, 용모는 단정해야 하며, 말은 과묵해야 하고, 행동은 조심해야 한다는 뜻이다. 다산이 강진에 처음 터를 잡은 이 주막이 궁금하겠지만 아쉽게도 지금은 그 자리를 알 길이 없다.

다산은 그 후 강진 고성사의 보은산방과 그의 제자인 이청의 집에 기거하다가 1808년 봄, 지금의 다산초당에 둥지를 틀게 되었다. 이곳에 살면서 정약용은 자신의 호를 다산(茶山)이라 지었다. 그의 호에서 알 수 있듯이 정약용은 차 사랑이 남달랐는데 이는 백련사 혜장선사의 영향이

강진다원. 다산 정약용은 월출산에서 나오는 차가 천하에서 두 번째로 좋은 차라고 극찬했다.

크다. 그는 우정을 나누던 백련사 혜장선사와 차를 마시며 유배생활의 괴로움을 잠시 잊고 정담을 나누기도 했고, 열띤 논쟁을 벌이기도 했다.

원래 백련사의 차는 예로부터 그 품질과 향이 좋기로 알려졌으며 궁중 진상품으로도 명성이 높았다고 한다. 다산초당을 지나 백련사로 향하는 구간에 있는 야생 차밭은 멋스럽거나 웅장하지 않아도 고즈넉한 분위기가 좋은 곳이다.

다산초당을 유배지로만 생각했던 객들은 규모 있고 말끔한 모양새에 의아해할 것이고, 이름값 때문에 기대를 가지고 왔던 객들은 실망할 것

1 정약용이 흑산도에서 유배생활을 하던 형 정약전을 그리며 강진만을 바라보았던 자리에 세워진 천일각.

2 다산초당에서 백련사에 이르는 일명 다산 오솔길. 다산이 거닐었던 이곳은 활엽수와 침엽수가 어우러져 있어 산책의 묘미를 제대로 느낄 수 있다.

이다. 실제 다산초당은 매우 허름한 곳이었으나 오랜 세월 방치되어 폐가가 된 것을 1958년 다산유적보존회가 넓은 툇마루와 큼직한 방으로 만들어 새롭게 지었다. 강진만이 내려다보이는 천일각 역시 1975년 강진군에서 선생의 뜻을 되살리기 위해 건립한 정자다. 그러니 다산초당은 원래 유배지였으나, 지금은 유배지 같지 않은 곳이 되었다고 해야 맞다. 그래서 누구는 볼 것이 없다고 하고, 누구는 남도답사 일번지다운 면모를 갖췄다고 말하는 것이 아닐까.

누구는 한 번쯤은 가봤고, 누구는 한 번쯤 가보려고 마음먹은 다산초당. 그렇다면 누구나 찾는 다산초당을 조금 다른 방법으로 방문해보는 것은 어떨까? 이를테면 다산의 〈소서팔사(消暑八事)〉에 나오는 더위를 이기는 8가지 법을 다산초당에 적용해보는 것이다.

다산은 더위를 이기는 8가지 방법을 다음과 같이 소개했다. "솔밭에서 활 쏘기, 느티나무 아래에서 그네 타기, 대자리 깔고 바둑 두기, 연못의 연꽃 구경하기, 숲 속에서 매미소리 듣기, 비 오는 날 한시 짓기, 달밤에 발 씻기." 조금만 더워도 에어컨을 켜는 요즘 세상에서는 다산의 피서법이 다소 무리일지도 모른다. 그렇다면 8가지 방법 중 우리가 할 수 있는 것은 무엇일까?

우선 가장 쉬운 것부터 시작해보자. 다산의 유배길을 따라 다산초당에서 백련사로 향하는 길에서 첫 번째 피서를 즐길 기회가 있다. 8백 미터에 이르는 이 오솔길은 뜨거운 여름 볕을 피해서 시원한 매미소리 듣기에 좋은 장소다.

강진 명승지 중 하나인 월출산에도 더위를 이기기에 안성맞춤인 장소가 있다. 바로 월출산 자락의 금릉 경포대인데, 이 계곡은 탁족을 즐기기에 그만이다. 금릉 경포대는 강릉 경포대(鏡浦臺)와 이름은 같지만 가운데 포(布)가 다르다. 줄여서 경포대라고 부르지만 정식 명칭은 금릉 경포대(金陵鏡布臺)다.

월출산 천황봉과 구정봉에서 발원하여 남쪽으로 흘러내리는 이 골짜기는 2킬로미터 길이의 크고 작은 맑은 물이 굽이치며 곡류를 이루는 선경지대다. 계곡물이 차디차서 피서지로 손색이 없는데 이 금릉 경포대 계곡에 발을 담그고 부채 바람을 즐긴다면 다산 정약용처럼 한여름 더위를 쉽게 잊을 수 있을 것이다.

끝나지 않은
무진기행
전라남도 순천

무진에 명물이 없는 게 아니다. 나는 그것이 무엇인지 알고 있다. 그것은 안개다. 아침에 잠자리에서 일어나서 밖으로 나오면, 밤사이 진주해온 적군들처럼 안개가 무진을 빵 둘러싸고 있는 것이었다. 무진을 둘러싸고 있던 산들도 안개에 의하여 보이지 않는 먼 곳으로 유배당해버리고 없었다. 안개는 마치 이승에 한(恨)이 있어서 매일 밤 찾아오는 여귀(女鬼)가 뿜어내놓은 입김과 같았다. 해가 떠오르고, 바람이 바다 쪽에서 방향을 바꿔 불어오기 전에는 사람들의 힘으로써는 그것을 헤쳐버릴 수가 없었다. 손으로 잡을 수 없으면서도 그것은 뚜렷이 존재했고 사람들을 둘러쌌고 먼 곳에 있는 것으로부터 사람들을 떼어놓았다.

김승옥 〈무진기행〉

1974년 감수성의 혁명이라는 찬사를 받으며 사상계에 발표된 김승옥의 〈무진기행〉은 우리 삶에서 일상의 벽이 얼마나 견고한지 여실히 보여주는 작품이다.

주인공 '나'에게 서울은 일상의 공간이고 무진은 탈일상의 공간이다. 미래가 보장된 제약회사 상무 자리와 아내가 있는 서울은 현실이고 일상이다. 반면 안개와 바다, 그리고 자신의 성장기와 비슷한 삶을 살아가는 여선생이 있는 무진은 탈일상적이고 몽환적인 공간이다. 그러나 소설 속 '나'는 무진에 머무르지 않고 상경을 요구하는 아내의 전보를 받고 서울로 떠난다.

〈무진기행〉을 읽고, 혹시 안개 짙은 무진에 가보려고 한 이들이 있었을지도 모르겠다. 그러나 아무리 지도를 뒤지거나, 자료를 찾아도 무진이란 지명은 나타나지 않는다. 소설 속의 '무진'은 가상의 지명이지만 작가 김승옥의 고향 순천을 배경으로 하고 있다.

〈무진기행〉에서 안개나루라고 표현한 대대포구의 안개는 저자의 표현처럼 '밤사이 진주해온 적군들처럼' 혹은 '이승에 한이 있어서 매일 밤 찾아오는 여귀가 뿜어내놓은 입김'처럼 갈대밭을 누른다. 안개와 갈대의 고향 순천만은 대한민국의 생태수도이자 철새들의 휴식처다.

용산전망대에 오르면 갈대밭과 순천만 일대를 한눈에 내려다볼 수 있다.

안개를 뚫고 날아오르는 철새들의 비행
| 순천만 |

순천만은 남해안의 여수반도와 고흥반도 사이에 있다. 남쪽이 넓은 바다와 닿아 있지만 큰 배가 드나들 수 있는 온전한 항구가 없다. 반도와 반도 사이의 넓은 공간을 갯벌이 모두 차지하고 있기 때문이다. 그래서 순천만은 생태학적 측면에서 볼 때 자연의 보고라고 할 수 있다.

순천만은 우리나라에서 자취를 감춘 해안 하구의 자연 생태계가 원형에 가깝게 보전되어 있다. 때문에 습지와 물새 서식지 보호에 관한 국제환경협약인 람사르협약(Ramsar Convention)에 국내 최초로 등록되었다.

순천만을 찾는 이들 중에는 해가 용산 뒤로 솟아오르기 전 안개비에

순천만 갈대밭은 매년 봄마다 지역 주민들이 갈대를 베어주며 잘 자라도록 관리하고 있다.

철새들이 찾아드는 순천만. 풍부한 먹이와 최고의 서식 환경으로 철새들의 낙원으로 불리고 있다.

순천만의 넓은 갯벌에는 다양한 생물들이 풍부하며, 갈대밭과 S자형 수로 등이 어우러져 아름다운 해안생태경관을 보여주고 있다.

황금빛 들녘과 습지가 마치 푸른 카펫처럼 펼쳐져 있다.

젖은 갈대숲을 만나려는 이도 있고, 이른 아침 먹이를 찾아 안개를 뚫고 오르는 철새들의 비상을 보기 위해 찾는 이도 있다. 갈대와 안개, 철새를 따로 떼어놓고 순천만을 논할 수 없듯이, 텃새와 철새들의 은신처와 먹이를 제공하는 보금자리인 갈대밭은 순천만에서 제일가는 볼거리다.

처음에는 15만 평에 불과했던 갈대밭이 5년 만에 무려 70만 평으로 늘어난 이유는 순천 시내를 흐르는 하천에서 유기물이 풍부하게 공급되었기 때문이라고 한다. 이 갈대밭에 천연기념물 제228호로 지정된 흑두루미가 찾아들고 있다. 살아 있는 화석이라고도 불리는 흑두루미는 순천만에 10월 중순쯤 날아와 약 6개월 정도 머무르며 겨울을 나는데, 매년 그 수가 늘고 있다.

갈대와 텃새, 철새들의 보금자리인 순천만은 간척사업으로 인해 예전만 못하지만 그래도 S자를 그리며 유유히 흐르는 수로를 따라 붉게 물드는 낙조는 여전히 아름답다. 갈대숲에 파묻힌 대대포구는 갯벌을 따라 길게 놓인 방죽 덕에 석양의 갈대밭을 감상하기에 가장 좋은 곳이

다. 수로 가득히 물든 낙조와 순천만을 한눈에 담고 싶다면 용산전망대에 오르는 것이 가장 좋다. 어느 곳에 자리를 잡든 출렁이는 갈대밭과 S자형 수로, 포구로 들어오는 어선을 마음껏 감상할 수 있다.

조선시대를 관통하는 시간 여행
| 낙안읍성 |

드라마 〈상도〉의 촬영지로 유명해진 낙안읍성은 사극의 단골 촬영지다. 사극 세트장 같은 낙안읍성에서는 어떤 것을 콕 집어 문화재라고 말하기 어렵다. 가옥 9동이 중요 민속자료로 지정되어 있고, 전라남도 문화재자료로 지정된 임경업장군비각을 비롯해 전라남도 유형문화재인 객사까지 마을 곳곳이 문화재다. 하다못해 나무 한 그루도 의미 없는 나무는 없다. 효종 9년 낙안향교를 옮겨 지으며 심었다는 은행나무를 비롯해 이곳에 있는 낙안읍성노거수 15그

낙안읍성 민속마을 전경. 이곳에는 조선시대 관아와 1백여 채의 초가가 돌담과 싸리문에 가려 소담스런 옛 모습을 그대로 보존하고 있다.

루는 전라남도 기념물로 지정되어 있다. 그저 한눈에도 현대적인 것들은 쉽게 찾아볼 수 없는 이 마을은 그만큼 역사가 깊은 곳이다.

낙안읍성을 둘러싸고 있는 성곽은 조선 태조 6년인 1397년, 왜구의 침략이 잦아지자 김빈길이란 인물이 의병을 일으켜 왜구를 물리치기 위해 토성을 쌓았고, 3백여 년 후에 임경업 장군이 낙안군수로 부임하면서 3년에 걸쳐 석성(石城)으로 증축한 것이라고 한다. 지금도 견고한 형태를 자랑하며 굳건히 남아 있는 성곽 때문인지 예전의 모습이 고스란히 남아 있다.

마을 골목을 누비다보면 지금이 21세기인지 조선시대인지 가늠이 되지 않는다. 마치 타임머신을 타고 조선시대로 여행을 하고 있거나 사극 세트장에 나들이 온 것 같은 느낌이 든다. 그런데 이곳은 사극 세트장이나 민속촌과 다르게 아직도 옛날 모습 그대로 사람들이 살고 있다. 보여주기 위한 전시용이 아니라 현재 살고 있는 삶의 터전인 것이다.

또 이곳은 조선시대 서민의 생활양식이 그대로 보존되어 있어 살아 있는 역사 교육장으로 각광받고 있다.

보고 느끼는 것 외에 아이들을 위해 체험까지 곁들이고 싶다면 정월 대보름에 낙안읍성을 찾아보자.

이곳에서는 매년 정월 대보름이 되면 소원을 적어 새끼줄에 걸고 태우는 달집

1 낙안 임경업군수비각. 임경업이 낙안군수로 부임하면서 낙안읍성을 증축하였다.
2 낙안읍성노거수. 노거수는 모두 15그루인데, 나무가 오래되고 연구 자료로 가치가 있어 기념물로 지정·보호하고 있다.

낙안 낙풍루는 낙안읍성 동쪽에 위치한 문으로 순조 4년 성균관 진시 김호언이 사비 1천 4백 량을 들여 중건하였다고 전해진다. 낙안읍성 복원사업이 추진되면서 1987년 복원되었다.

태우기, 햇불 들고 성곽돌기, 지신밟기 등의 각종 민속행사와 공연이 펼쳐진다.

　21세기 한국에서 그 옛날 조선시대 서민들의 삶을 하루 정도 살아보는 것도 재미있는 추억이 되지 않을까.

등대와 동백꽃을 품은
2012년의 주인공
전라남도 여수

아름다운 곳을 아름답다고 말하는 것은 시인의 몫이다. 거문도는 참 아름답다. 거문도에 가면 처음엔 자연에 취하고 다음엔 인물에 감동하고 나중엔 역사에 눈을 돌린다. 거문도에는 아름다운 자연과 그 자연을 아름답게 키우는 강인한 생명력이 있다. (중략) 적어도 열흘쯤의 여유가 있다면 사흘은 자연에 취하고 사흘은 인물에 취하고 나머지 나흘은 역사에 취해볼 만한 곳이다.

이생진 《거문도》

전라선의 종착지이며 항구도시, 청정해역과 충무공 이순신 장군의 전승

지, 푸른 하늘과 쪽빛 바다에 붉은 동백꽃을 품은 여수는 난류의 영향으로 겨울이 따뜻해 대표적인 휴양 관광도시로 군림해왔지만 정작 우리에게는 관광이 아닌 맛의 고장으로 더 잘 알려져 있다.

그도 그럴 것이 우리의 관광이 지금까지는 먹고 노는 맛 중심 여행이었기 때문이다. 그렇다면 이제부터 시작하는 여수 여행에선 '맛'을 따라서가 아니라 자연을 느끼는 '멋'을 따라 여행을 다녀보는 것은 어떨까?

돌산공원에서 바라본 돌산대교와 여수시 전경.

돌산대교 야경.

1 여수 향일암에서 바라본 일출.
2 거대한 2개의 바위 사이로 난 향일암 석문. 이 석문을 통과하면 바다가 보인다.

해를 머금은 사찰
| 향일암 |

　　　　　　　　　여수를 찾는 사람들의 목적은 새해를 맞아 일출을 보러 오거나 탐스러운 동백꽃을 보기 위해서이다. 여수는 거의 전 지역에서 기가 막힌 일출을 볼 수 있다. 그중에서도 해를 바라보는 암자라는 뜻의 향일암이 해돋이 명소로 손꼽힌다. 향일암은 여수 일출 명소 중에서도 경관이 빼어난 곳으로 유명하다.
　여수에서 돌산대교를 넘어 돌산섬 끝에 있는 향일암 주차장에 도착하면 이제부터는 도를 닦는 여정이 시작된다. 세상에 노력 없이 절로 얻어지는 것이 없듯이 기막힌 해돋이를 보기 위해선 그에 응당한 체력이 필

돌산도의 끝자락 금오산 절벽에 자리하고 있는 향일암. 기암절벽 사이로 동백나무와 아열대 식물들이 잘 조화되어 이 지역 최고의 경치를 자랑하고 있다.

요하다. 향일암 초입을 지나 대웅전에 가기 위해선 무려 291개나 되는 계단을 올라야 한다. 거친 숨을 몰아쉬며 암자 근처에 이르면 2개의 바위 사이로 한 사람이 간신히 통과할 정도의 좁은 석문이 나타난다. 많은 계단을 올라 석문을 통과하고 나면 숨은 턱까지 차오르고 몸에선 열기가 느껴진다. 몸을 고되게 하는 것은 수행의 시작이다. 심신의 고통을 통해 깨달음의 경지에 조금이나마 가까워질 무렵 대웅전에 닿는다.

높이가 대략 150미터 정도 되는 절벽 끝에 서서 탁 트인 바다를 가슴으로 안으면 저 멀리 해가 떠오를 준비를 하고 있다. 여명이 밝아오는 바다 위로 해가 얼굴을 내밀 때마다 붉은 기운이 사방에 퍼진다.

사람들이 해돋이를 굳이 새해의 첫날에 보려고 하는 것은 매일 뜨는

해지만 한 해를 시작하는 의미를 되새기고 싶어서일까, 아니면 세상에 빛을 주기 위해 바다 위로 떠오르는 그 한결같음을 닮고 싶어서일까.

그것이 무엇이든지 새해를 여는 날, 4대 기도 관음처인 향일암에 올라 해를 맞이하는 이들은 간절한 소원 하나씩을 가슴에 품고 이곳을 찾는다. 향일암에는 7개의 바위동굴이 있는데 이곳을 모두 통과하면 소원 하나가 이루어진다는 말이 있으므로 향일암을 오르기 전부터 소원을 생각하며 걸음을 떼는 것도 좋겠다.

동백꽃이 어우러지는 붉은 대지
| 오동도 |

향일암을 오르는 동안 간절히 소원을 빌었다면 이번엔 해보다 붉은 동백꽃을 보기 위해 서둘러 떠나보자. 여수를 대표하는 꽃은 당연히 동백꽃이다. 그리고 여수의 동백꽃하면 떠오르는 곳이 바로 오동도다.

오동도에 가면 한겨울에도 흰 눈 사이로 붉게 피어오르는 동백꽃을 볼 수 있다. 10월부터 한두 송이 피기 시작한 동백꽃은 3월경이 되면 절정을 이룬다. 오동도를 덮고 있는 3천여 그루의 동

오동도 동백꽃. 오동도에는 3천여 그루의 동백나무가 있다.

오동도 정상에서 여수 앞바다를 바라보고 있는 오동도 등대.

백나무가 일제히 가지마다 붉은 동백꽃을 달고 있는 풍경이 눈앞에 펼쳐진다. 이곳의 동백꽃은 다른 곳의 동백꽃보다 유난히 붉게 느껴지는데, 아마도 머리 위의 푸른 하늘이나 남해의 쪽빛 바다와 대비되기 때문일 것이다.

동백꽃이 만개한 오동도로 가는 길은 그리 어렵지 않다. 여수 중심가에서 10여 분만 달리면 오동도 입구 주차장에 닿는다. 날씨가 사납지 않고 컨디션이 좋다면 방파제길을 따라 오동도에 가는 것도 좋다. 동백꽃이 만개할 즈음 이곳의 날씨는 다른 곳과 달리 봄의 포근함이 묻어나기 때문이다.

오동도에는 여러 갈래의 탐방로가 잘 마련돼 있어 친구나 연인, 가족들의 나들이에 적합하다. 동백꽃은 만개할 때보다 질 때가 더 멋스럽다. 대부분의 꽃은 꽃잎이 제각각 하나씩 떨어지며 지지만 동백꽃은 장렬하

멀리서 바라보면 오동잎처럼 보이고, 오동나무가 빽빽이 들어서 있다 해서 오동도라 불린다고 한다.

게 송이째 바닥에 떨어진다. 이 때문일까, 오동도 동백꽃에 전해져 내려오는 전설 또한 비장하다.

  옛날 오동나무 숲이 우거진 이곳에 아름다운 부인과 어부가 살고 있었다. 그런데 어느 날 혼자 있던 부인이 도적떼에게 쫓기게 되었고 도망가던 부인은 정조를 지키기 위해 벼랑에서 몸을 던지고 말았다. 뒤늦게 집에 돌아온 남편은 아내의 시신을 수습해 오동도 기슭에 무덤을 만들었는데, 심한 눈보라가 몰아치던 그해 겨울, 하얀 눈이 쌓인 무덤가에 붉은 꽃이 피어올랐다. 그 꽃이 바로 동백꽃이었다.

  남도는 이상하리만큼 붉은빛이 어울린다. 붉은 대지가 남도의 생명력을 대표하기 때문이리라. 잡초 같은 생명력으로 기나긴 역사의 굴곡

을 온몸으로 이겨냈던 이 땅에서 피어난 동백꽃은 그래서 더 강렬하다.

다도해의 최남단 보물섬
| 거문도 |

다도해에서 가장 아름다운 동백숲을 품은 섬, 거문도. 오동도만큼이나 동백꽃으로 유명한 거문도는 꽃이 만발한 봄에 찾아야 제맛이다. 그러나 만개할 때를 놓쳤다 해도 거문도의 매력이 떨어지는 것은 아니다.

다도해의 맑은 바다에 코발트빛 하늘이 강렬한 여름날 이곳에 도착했

여수와 제주도 중간 지점에 위치한 다도해의 최남단 섬 거문도. 섬 곳곳에 동백나무가 지천이다.

다면 밤을 기다려야 한다. 거문도 앞바다에 노을이 지고 어둠이 깔리면 남해를 비추는 불이 켜지는데 이것이 거문도 등대다. 거문도 등대는 인천 팔미도 등대에 이어 우리나라에서 두 번째로 세워졌는데, 남해에서는 최초의 등대였다. 1905년에 지어져 오랫동안 어두운 밤바다의 길을 비춰주었다. 그리고 2006년에 낙후된 거문도 등대를 대신해 새롭게 등탑이 신축되었다. 등탑에는 거문도와 백도의 전경을 한눈에 볼 수 있는 전망대가 설치되어 있어 탁 트인 망망대해를 마주할 수 있다.

거문도가 큰 섬은 아니지만 만만치 않은 트레킹 코스가 있어서 숨 가쁘게 등산하는 재미를 느낄 수도 있다. 보로봉에서 신선바위를 지나 거문도해수욕장으로 가기 위해서는 365계단을 넘어야 하는데, 가파른 계단을 오르면 남해가 한눈에 내려다보인다.

거문도는 걸으면 걸을수록 매력적인 섬이다. 봄이면 붉은 꽃이, 여름이면 푸른 하늘과 그보다 더 푸른 바다와 짙은 녹음이, 가을이면 귀뚜라미 소리와 등대가 아름다운 곳이다.

원래 이곳은 삼도·삼산도·거마도 등으로 불렸는데, 거문도란 이름은 조선 후기에 붙여졌다고 한다. 청나라 제독 정여창이 섬에 학문이 뛰어난 사람이 많은 것을 보고 이 섬의 이름을 학문에 뛰어난 사람들이 많다는 뜻인 '거문(巨文)'으로 개칭하도록 건의해 거문도가 되었다는 일화가 전해진다.

여행을 하면서 누군가와 기쁨을 나눈다면 두고두고 좋은 추억이 될 것이다. 하지만 혼자 나선 여행이라고 해서 실망할 필요는 없다. 섬은 본래 고독한 곳이다. 누군가와 함께 오지 못했다고 해도 섬의 고독을 곱씹어 줄 시집 한 권을 준비했다면 이만한 친구도 없을 것이다.

세계박람회가 열리는 축제 한마당
| 여수 |

여수는 바다와 함께 성장한 도시다. 사람들은 여수 앞바다에서 고기를 잡고, 바다에서 양식을 하며 먹고 살았다. 이곳 사람들의 삶의 터전인 바다는 아름다운 풍광으로도 이름이 높아 관광객들이 사시사철 끊임없이 몰려들었다. 이런 여수가 '살아 있는 바다, 숨 쉬는 연안'이라는 주제로 2012년 여수 세계박람회를 개최

종포해양공원 입구에서 여수 제일교회에 이르는 고소동 천사벽화 골목길. 1,004미터에 이르는 벽화를 통해 여수의 어제와 오늘을 엿볼 수 있다.

하게 되었다.

　오동도와 여수역 사이 해안에 건설된 박람회장엔 박람회 주제와 관련된 전시물은 물론 여수의 세계박람회 유치 노력과 준비과정, 개발사업 설명, 시설물 배치 예정도 등을 한눈에 구경할 수 있다.

　좀 더 친근하게 여수 세계박람회를 즐기고 싶다면 고소동 천사벽화 골목길을 방문해보자. 7개 구간의 1,004미터에 이르는 고소동 천사벽화 골목길에선 여수와 관련된 재미난 벽화들을 감상할 수 있다. 이곳에서 구한말인 1893년에 처음으로 시카고 세계박람회에 참가했던 우리나라의 모습도 살펴볼 수 있다. 이때 우리나라는 가마와 도자기, 모시, 부채, 갑옷, 관복, 활 같은 대한민국 전통 이미지를 각인시키는 물품을 출품했었다. 바다를 걸으며 여수 세계박람회를 가깝게 느낄 수 있는 천사 벽화 골목을 따라 중앙동 앞바다까지 나가보자. 가슴이 확 트일 만큼 시원하게 펼쳐진 바다를 마음껏 감상할 수 있을 것이다.

슬프도록

애잔한 풍경

경상남도 남해

한때 '남해 똥배'라는 말이 있었다. 섬인데도 불구하고 배를 댈 포구가 마땅치 않아 고기잡이 어선이 별로 없고, 평지도 드문데다 땅도 척박해서 농사에 쓸 거름을 얻으러 여수로 가고, 돌산도로는 똥을 누러 다녔다고 해서 붙여진 별칭. 하지만 남해 사람들은 이곳을 살기엔 팍팍해도 그 아름다운 풍광은 어디에도 견줄 수 없는 '보물섬'으로 부른다.

손미선 《바닷가 마을 100곳》

사람들이 남해를 찾는 건 봄부터 가을까지 아름다운 쪽빛 바다와 해수욕장 때문만은 아니다. 이 작은 섬에는 사람들을 매료시킬 만큼 아름다

운 산책길이 있고 푸근한 시골 인심이 있다. 그리고 많은 이들이 이국적인 풍경이라며 입에 침이 마르도록 칭찬하는 계단식 논이 펼쳐져 있다.

계단식 논에서 키워낸 벼와 마늘로 겨우 생계를 유지했던 이 마을에 등산로가 생기고, 문화재청에서 명승지로 지정하고, 〈1박 2일〉이라는 프로그램에 나오면서 관광객들이 점점 많아졌다. 그러면서 여기저기 카메라 셔터를 누르는 이들이 좁디좁은 섬의 논밭을 누비고 다니기 시작했다. 그래도 섬사람들은 불평 한마디 없으며 이렇게라도 이 섬에 관심

남해 남면 숙호마을 몽돌해변. 크고 작은 몽돌이 파도에 부딪히며 장관을 이룬다.

을 가져주는 것을 고맙게 생각한다. 그렇다면 사람들은 이곳에 무엇을 보러 오는 것일까?

　남해 가천 다랭이마을에 사람들이 몰리는 이유는 단 하나, 45도 경사를 이루며 산을 타고 바다로 이어진 계단식 논 때문이다. 108개 층층계단에 있는 논과 지붕 낮은 집들, 구불구불한 길이 산허리를 따라 끝없이 이어진다. 봄이면 푸른 물결과 쪽빛 바다가 어우러져 한 폭의 그림을,

가천 다랭이마을의 논이 푸른 바다와 어우러져 마치 그림엽서를 보는 것 같다.

가을이면 층층이 빛나는 황금빛 물결이 장관을 이루고 있어 그림엽서의 한 장면 같은 풍경을 무난하게 담을 수 있다. 여행기자들이 계절을 가리지 않고 이곳을 찾는 것은 당연하다.

그러나 이 섬의 장관을 보고 그 뜻을 생각해보는 이가 몇이나 될까? 사람들은 입을 모아 장관이라 말하지만 이 다랭이 논만큼 농부들의 애잔함이 묻어나는 곳도 드물다.

층층이 계단이 끝없이 이어지는 다랭이 논. 남해 사람들의 근면성과 고단함을 보여준다.

다랭이 논, 일명 다락논이라 불리는 계단식 논은 죽이나 밥 한 그릇과 바꿀 수 있을 만큼 작다고 해서 죽배미나 밥배미라고도 불렀고, 치마 한 폭을 펼칠 만한 크기라 해서 치마배미, 여인의 눈초리처럼 가늘고 길다고 해서 반달배미라고도 했다. 또 삿갓 하나로 논 한 배미를 덮을 수 있을 만큼 작다고 해서 삿갓배미라고도 불렀다.

그중에서 삿갓배미에 전해지는 이야기가 재미있다. 예전 이 마을의 한 농부가 일을 하다 문득 논을 세어봤는데 아무리 세어봐도 이상하게 한 배미가 모자랐다. 그래서 논을 세다 세다 날이 저물어 집에 가려고 삿갓을 들었더니 그 밑에 한 배미가 있었다는 것이다. 얼마나 좁았으면 이런 이야기가 전해질까.

논이 좁으면 일이 수월하지 않을까 싶지만 현실은 또 그렇지 않다. 워낙 좁은 탓에 서너 마지기 논을 모내기하는 데도 8~9일은 족히 걸린다고 한다. 개간이 잘된 평지의 1백여 마지기 논을 모내기할 때도 이보다는 덜 걸릴 것이라는 게 이 마을 사람들의 말이다. 게다가 이곳에선 기계로 농사를 짓는 일도 불가능하다. 아직까지 옛날 농기구인 써레를 이용해 써레질을 해야 한다. 손 모내기는 말해서 무엇하랴.

그렇다면 이들은 왜 이 좁은 비탈길에 힘겹게 농경지를 만들었던 것일까? 사방이 바다인데 어업으로 생계를 유지하지 않는 까닭은 무엇일까? 가천 다랭이마을에서 바닷가로 내려갔다가 다시 마을로 오르다보면 그 이유를 알 수 있다.

45도 경사를 올라가면 어느덧 숨이 턱까지 차오르고 온몸은 땀으로 범벅이 되고 만다. 이렇게 마을을 올라가다보면 거친 파도와 아슬아슬한 바위, 깎아지른 듯 떨어지는 절벽들이 눈에 들어온다. 가파른 절벽으로 둘러싸인 이 섬에 포구가 있을 리 만무하다. 포구가 없으니 배 한 척

척박한 환경을 극복하기 위해 억척스럽게 살았던 남해 사람들의 삶이 느껴지는 상주 바래길. 현재는 관광상품으로 개발되어 다양한 프로그램이 운영 중이다.

가지고 있는 집이 없다. 그래서 이들은 먹고살기 위해 단 1평이라도 논밭을 내어보려 90도로 석축을 쌓았다.

기계는 처음부터 없었다. 바닷가에 인접한 곳부터 산 위까지 이어진 농경지는 모두 사람들 손으로 만들어졌다. 이렇게 만들어진 다랭이 논으로 농사를 지어 아이들을 교육시켰다. 천혜의 절경이라 불리는 이곳에 관광객이 몰리고 아무리 아름다운 풍광이 눈앞에 펼쳐져도 왠지 애잔한 건 지나간 세월 동안 이곳에서 눈물과 땀으로 하루하루를 살았던 민초들의 고단한 삶이 녹아 있기 때문이리라.

이 비탈을 따라 논과 밭만 자리잡고 있는 것이 아니다. 나지막한 지붕의 집들은 모두 바다를 향해 있다. 때문에 태평양에서 발달한 태풍이 고스란히 이 산을 타고 오른다. 산을 타고 형성된 다랭이 논을 지나는 것은 물론이다. 마을 사람들은 태풍이 한 번 쓸고 갈 때마다 이곳에서 살고 싶

남해 해안도로 벚꽃길. 남해 노량마을에서 왕지등대마을로 이어지는 해안도로에 바다와 벚꽃이 어우러져 장관을 이루고 있다.

은 마음이 싹 가신다고 한다. 하지만 떠나지 못하는 이유는 이곳이 그들의 삶의 터전이요, 고향이기 때문이다.

남해의 애잔한 절경은 다랭이 논뿐만이 아니다. 이 섬 해안을 따라 형성된 바래길도 애잔하긴 마찬가지다. 바래길은 새로 생긴 것이 아니라 오래전 갯벌에서 일하던 이들이 걷던 길이다. 옛날 남해에서는 갯벌에서 조개나 해조류를 캐는 일을 '바래한다'라 했고, 바래길은 여기에서 유래된 이름이다. 바래길은 현재 8개 코스로 이루어져 있다.

말 그대로 지긋지긋하게 가난하고 옹색하기 짝이 없던 남해의 살림은 날마다 어미를 갯벌로 나가게 했다. 아이들은 주린 배를 움켜잡고 어미가 오기를 기다렸고, 어려운 시절 누구나 그랬듯이 우는 아이들을 떼어놓고 눈물을 훔치며 걷던 길이 바래길이었다. 세월이 좋아 이제는 그리 서럽게 울며 이 길을 걷는 사람은 없다.

이렇게 남해의 절경은 이곳 사람들의 고단한 삶과 옹색하기 짝이 없던 어려운 시절의 눈물과 맞닿아 있다. 그래서 이곳을 방문하면 바다와 산, 다랭이 논을 보고 감탄만 할 것이 아니라 그 속에 있는 서민들의 땀과 눈물을 봐야 한다고 말하는 이도 있다. 이 땅에 사는 민초들의 삶, 서민들의 삶이 이렇게 애처롭고 눈물겨운 절경을 만들어냈으니 말이다.

한여름 탁족을 즐기며
달을 희롱하는 여행
경상남도 함양

남명이 옥계를 데리고서 우리들을 불렀네.
향그런 풀 돋아나 산 모습 아름다운데
읊조리는 사람들이 탄 말머리 가지런하네.
월연(月淵)에 물 불어 발 씻기 좋고,
용간(龍澗) 시냇물 시 짓게 만드네.
봄 경치는 가는 곳마다 즐거워
그 마음 산새소리에 실어 보낸다.

개암 강익(介菴 姜翼)

조선 중기의 학자 개암 강익은 남명 조식(曺植)의 제자로 스승처럼 벼슬길에 뜻을 두지 않고 학문에만 열중한 선비였다. 그의 스승 남명 조식은 타락한 권력을 비판하고 무기력한 지식인 사회에 경종을 울리기 위해 성성자(惺惺子)라는 방울을 몸에 차고 그 소리를 들으며 스스로에 대한 경계와 반성을 게을리하지 않은 선비 중 선비였다. 앞 페이지에 있는 시는 그의 스승인 남명 조식이 옥계 노진과 함께 자신을 찾아온 것을 기뻐하여 지은 것이다.

시에 나온 월연은 지금은 불타 없어진 농월정을 받치고 있는 넓은 바

농월정을 받치고 있었던 너럭바위인 월연암.

위를 가리키는 말로, 월연암 가운데 달처럼 둥근 웅덩이를 월연담(月淵潭)
이라 부른다. 화림동 계곡 월연암에 앉아 탁족을 즐기며 경치를 감상하
고 시를 읊는 풍류는 얼마나 멋진 일인가! 더위로 잠 못 이루는 밤 시원
한 물소리를 들으며 차가운 계곡 물에 발을 담가본다. 머리 위로 세상을
환하게 비추는 달이 떠 있고 풀벌레 소리와 계곡 소리에 장단을 맞춰 달
을 희롱하다보면 저절로 시 한 수 읊게 되지 않을까?

지금은 아쉽게도 농월정에 앉아 달을 희롱할 수는 없지만 정자의 메
카라고 불리는 함양의 화림동 계곡에는 농월정에 비견될 만한 정자가
많다. 자, 이제 한여름 탁족을 즐기며 달을 희롱할 수 있는 정자를 찾아
함양으로 출발해보자.

대한민국 최고의 탁족처
| 함양 화림동 계곡 |

탁족은 예로부터 선비들의 한여름
더위를 쫓는 피서법이었다. 경치 좋은 계곡에 발을 담그고 더위를 쫓는
것을 탁족(濯足)이라 하며, 집에서 대야에 물을 떠놓고 발을 담그는 것을
세족(洗足)이라고 한다.

탁족은 맹자의 "창랑의 물이 맑으면 나의 갓끈을 씻으리라. 창랑의
물이 흐리면 나의 발을 씻으리라(滄浪之水淸兮 可以濯我纓 滄浪之水濁兮 可以濯我
足)."라는 구절에서 유래했다고 하는데, 이것이 단순한 피서법에 그치지
않는다는 것을 암시한다. 탁족은 물의 맑고 흐림처럼 인간의 행복과 불
행이 곧 본인의 처신과 인격수양에 달렸다는 것을 의미한다.

덕유산에서 발원한 물이 화강암 바위로 흘러내리며 곳곳에 절경과 아

1 주변 경치가 수려한 거연정. 거연정은 계곡 가운데에 자리잡아 이곳에 가려면 오른쪽으로 보이는 화림교를 건너야 한다.

2 군자정은 천연의 암반 위에 세워진 중층 누각으로, 내부에 방을 들이지 않아 주변 경관을 한눈에 볼 수 있다.

름다운 못을 만들어놓은 경남 함양의 화림동 계곡은 8개의 못과 8개의 빼어난 정자가 있어 팔담팔정(八潭八亭)이라고도 불렸다. 8개의 못은 지금도 존재하지만 아름다운 경치로 달을 희롱한다던 농월정은 2003년 화재로 전소되었고 지금은 거연정, 군자정, 동호정 등이 남아 있다.

함양에는 정자문화의 양대 산맥인 영남에서도 손꼽힐 만큼 정자가 많다. 호남의 정자가 일상생활 범위에 지어진 것과 달리 영남의 정자들은 우거진 숲이나 호젓한 계곡 옆에 지어졌다. 아름다운 경관 위에 호연지

1 동호정은 남강천 담소 중 하나인 옥녀담에 있으며 화림동 계곡의 정자 중 가장 크고 화려하다.
2 동호정에서 바라본 차일암의 모습. 수백 평의 널찍한 암반 위에서 풍류를 즐겼다고 한다.

기를 뽐내는 영남 정자의 한 면을 화림동 계곡에 있는 정자들에서 엿볼 수 있다.

봉산 휴게소에서 계곡 아래쪽으로 내려가면 옥처럼 빛나는 깨끗한 계곡물에 한 번 놀라고, 그 계곡의 정점에 배치된 거연정이라는 정자에 한 번 더 놀라게 된다. 화림동 계곡에 남아 있는 정자 중 가장 상류에 위치한 거연정(居然亭)은 화림교라는 철제 구름다리를 건너면 닿을 수 있다.

거연이란 이름은 '나와 샘과 돌이 같이 산다(居然我泉石).'라는 시에서 유래했다고 한다. 아름다운 경관이 있는 계곡에서도 돋보이는 거연정은 풍경 안에 숨어 있는 것이 아니라 적극적인 자세로 풍경 속에 뛰어들었다고 볼 수 있다. 계곡 바위 한가운데 우뚝 서 있는 거연정을 보고 있으면 자연을 닮고 싶어 했던 선비들의 마음과 흐르는 물에 떠다니지 않고 중심을 지키려는 선비들의 정신을 찾아볼 수 있다.

　이 정자들에는 '절대로 만지지 마시오.' 혹은 '들어가지 마시오.'라는 푯말이 없으니 마음놓고 정자에 올라 시원스레 펼쳐진 눈앞의 풍경을 즐기는 것도 재미있다. 그중 동호정 앞의 차일암이라는 커다란 너럭바위를 보고 있으면 자연을 지배하려는 것이 아니라 자연과 하나가 되고자 했던 영남 선비들의 정신과 그 속에서 살아 숨 쉬는 기개가 느껴진다. 암반 위에 조성된 정자를 받치고 있는 들쑥날쑥한 나무가 드러난 군자정은 매우 자연스럽게 보인다.

　한여름 뜨거운 태양이 물러가고 세상 만물을 은은하게 비춰주는 달이 뜬다. 무섭도록 더웠던 공기는 시원한 계곡 소리에 묻혀 이미 설 자리를 잃었다. 이 물에 발을 담그고 머리 위의 달을 바라 보니 귓가에 들리는 계곡 소리가 음악처럼 들린다. 이러한 자연 속에서는 그 누구라도 시 한 수 지을 수 있지 않을까.

그리운 이의 가슴 같은
안개를 품은 곳
경상남도 합천

안개는 그리운 이의 가슴을 가졌다
생솔가지 태우는 눈물 사이로 그의 손이 보인다
여리게 또는 무겁게 위로 혹은 아래로
그의 몸짓 하나로 나는 울고 웃는다
누가 또 한 자락의 그림자를 두고 떠났는가
눈앞에 벽으로 선 그대 주의하라
잃어버린 사랑은 돌아오지 않는다

안만식 〈안개는 그리운 이의 가슴을 가졌다〉

따뜻한 듯 차갑고 손에 잡히지 않는 애절함. 그리운 것은 항상 멀리 있다. 그래서 안개는 그리운 이의 가슴을 가졌다. 잡힐 듯 잡히지 않고 금세 사라지고 마는 안개를 잡고 싶다면 지금 합천으로 떠나자.

좀처럼 곁을 내주지 않는 안개를 만나려면 아침부터 부지런히 발걸음을 옮겨야 한다. 아무 때나 간다고 해서 모습을 보여주지도 않을뿐더러 조금이라도 게으름을 피웠다간 너무 늦었다고 책망하는 안개의 뒷모습

맑은 호수와 빼어난 경관으로 새롭게 조명되고 있는 합천호의 모습.
호수 주변은 봄에는 벚꽃, 가을엔 단풍으로 아름답다.

도 보지 못한다.

　밤사이 차가워진 육지의 공기가 물 위의 따뜻한 공기를 만나 온도를 낮춘다. 차가운 손길을 느낀 물 위의 공기는 이내 수증기를 토해낸다. 이 수증기는 바로 응결돼 물방울이 된다. 이것이 물안개다. 기온이 낮을수록 더 많은 물안개가 피어나는데, 겨울에 합천을 찾아야 하는 이유가 여기에 있다.

　거창 쪽에서 발원해 낙동강에 이르는 황강 덕분에 합천은 물이 많은 고장으로 유명하다. 합천을 가로지르는 황강은 흔히 서울의 한강에 비유되곤 한다. 1988년 낙동강 지류인 황강을 막아 합천댐을 세우면서 인공호수가 생겨 물안개를 찾는 이들은 으레 합천호로 달려가지만 물안개 비경은 황강에서부터 시작된다.

합천 영상테마파크는 근현대사가 배경이 되는 영화나 드라마 세트장으로 유명하며 합천의 새로운 자랑거리가 되고 있다.

합천읍에서 호수까지는 거리가 꽤 멀다. 합천호의 물안개가 9시경쯤 절정에 달하니, 8시쯤에 황강을 지나 물안개 길을 따라 1시간 정도 가다 보면 합천호에 다다른다. 합천읍 군민체육관에서 합천호에 이르는 구간은 습지가 넓고 갈대도 제법 많아 새벽녘에 피어나는 물안개의 운치를 제대로 느낄 수 있는 코스다.

합천읍에서 차로 10여 분 정도 달리면 영상테마파크 입구에 도착한다. 이곳에서 잠시 멈춰 가쁜 숨을 가다듬고 이제 막 피어오르려는 합천호의 물안개를 기다려보자. 해발 1천 미터가 넘는 황매산과 악견산, 금성산, 허굴산이 병풍처럼 둘러싼 가운데 호수가 오목하게 들어섰다. 그 속에서 피어나는 물안개는 몽환적이다 못해 신비롭기까지 하다. 조금만 일러도 볼 수 없고 조금만 늦어도 볼 수 없다. 인연과 우연, 그리고 기다

합천팔경 중 제8경에 속하는 황매산은 봄에는 정상 부근에 있는 전국 최대의 철쭉군락지가 온 산을 진홍빛으로 물들이며, 매년 5월 초에 황매산철쭉제가 열린다.

림이란 삼박자를 갖추지 않으면 안개의 정취를 마주할 수 없다.

인생에서 더하는 것보다 더는 것이 어렵지 않을까. 이곳의 물안개를 보고 있노라면 인생의 고뇌를 잠시나마 덜어낼 수 있을 것 같다. 그래서 사람들은 달리는 시간을 멈추고 숨을 고르고 싶어 이곳을 찾는다고 한다.

협곡을 따라 호리병처럼 보였다 사라지는 합천호는 흔히 소양호와 비교되는데, 소양호처럼 호탕하게 펼쳐지지는 않아도 오밀조밀한 맛이 있다. 그러나 이것이 합천호의 또 다른 매력이다. 호수 주변을 따라 도로를 달리다보면 산에 가려 사라진 듯한 호수가 다시 얼굴을 내밀며 안개를 보여준다.

딱히 볼 것이 많은 곳이 아님에도 불구하고 여행객들이 사시사철 이

곳을 찾는 이유는 바로 이 호반의 정취 때문일 것이다.

봄에는 벚꽃을 따라, 가을에는 단풍을 따라, 겨울에는 눈꽃나무를 따라 누구나 한 번쯤 가슴에 품었을 옛사랑을 그리며 '합천활로'라는 테마길을 걸어 보는 건 어떨까? 보고 있어도 그립고 곁에 있어도 외로워지는 안개는 정말 그리운 이를 닮았다.

마음의 소리를 따라가는 여정
| 해인사 |

합천의 테마길 중 마음의 소리를 따라가는 길이 있다. 꿈보다 해몽이 좋다고 하지만 혹 어찌 알까. 이 길을 따라가다보면 팔만대장경을 품은 해인사에서 마음의 소리를 정말 들을 수 있을지…….

조선팔경에 속하는 가야산을 더욱 빛나게 하는 건 역시 해인사다. 해인사(海印寺)라는 이름은 석가가 설명한 경문(經文) 화엄경의 해인삼매(海印三昧)에서 유래되었다. 해인삼매란 바다에 풍랑이 쉬면 삼라만상 모든 것이 도장 찍히듯 그대로 바닷물에 비

합천 해인사는 팔만대장경이 소장되어 있으며 성철 스님이 기거했던 곳으로 유명한 한국의 3대 사찰 중 하나다.

213

해인사 장경판전은 팔만대장경을 보관하고 있는 건물로 해인사에서 가장 오래되었다. 세계 유일의 대장경판 보관용 건물이며 자연조건을 이용하여 지금까지 잘 보존되어 있다.

쳐 보인다는 뜻이다. 이 말은 바다에 풍랑이 멈춘 사이 모든 것이 바다 표면에 선명하게 비치듯, 깨달음을 얻은 부처의 마음속에는 과거와 현재, 미래를 관통하는 업(業)이 바로 보여 번뇌를 없애고 우주의 모든 것을 깨닫는 경지에 이르게 된다는 것이다. 해인사는 흡사 풍랑이 멈춘 바다 가운데 피어난 연꽃의 형상처럼 가야산의 품 안에 고요하게 들어앉았다.

　통일신라 애장왕 3년, 왕후의 병이 부처의 힘으로 완쾌된 것에 대한 감사의 뜻으로 왕과 왕후가 의상대사의 법손인 순응, 이정 두 스님에게 부탁하여 창건된 절이 바로 해인사다.

　해인사는 우리가 익히 들어 알고 있는 것처럼 팔만대장경을 품은 법보 사찰이다. 조선 태조 7년에 강화도에 있던 팔만대장경을 이곳으로 옮겼는데, 태조의 혜안 때문인지는 몰라도 이곳으로 옮긴 팔만대장경은 여러 전쟁 중에서도 큰 피해를 입지 않고 지금까지 잘 보존되었다.

　해인사가 더욱 유명해진 계기는 팔만대장경과 이를 보관하는 장경판전이 유네스코 세계문화유산으로 지정되면서부터다. 장경판전은 지어진 후에도 지붕 밑에 거미줄이 생기는 일이 없으며, 판전 내부로 벌레들이 침입하는 일도 없고, 지붕 위에 새가 앉는 법도 없었다고 한다. 게다가 해인사가 창건된 후 9차례나 큰 화재가 났지만 판전은 항상 안전했다. 민족의 염원이 모아진 곳이어서 그런지 장경판전의 신비는 오래도록 회자되고 있다.

　해인사를 찾는 이들이 팔만대장경이 보관된 장경판전만큼 많이 찾는 곳이 있으니 바로 성철 스님이 머물렀던 백련암(白蓮庵)이다. 가야산의 여러 암자 중 가장 높은 자리에 위치한 백련암의 마당에 서면 합천이 한눈에 내려다보인다. 백련암에 이르려면 꽤 가파른 길을 올라야 하지만 옆에 있는 나무를 벗삼아 오르다보면 좁은 길도 넉넉해 보인다.

하늘을 향해 곧게 뻗어 있는 해인사 일주문 전나무길.

해인사 터의 형국을 주관하는 토지신을 모시는 국사단. 우리나라에 불교가 들어오면서 토속 신앙과 결합된 형태다.

해인사를 이곳저곳 둘러보다보면 다른 곳에는 없는 특이한 건물을 볼 수 있는데, 바로 봉황문과 해탈문 사이에 자리잡은 국사단(局司壇)이다. 국사단은 국사대신을 모신 단으로, 국사대신은 도량(道場)이 위치한 산국(山局)을 관장하는 산신과 토지가람신을 가리킨다. 가람을 수호하는 신을 모셨기 때문에 도량 입구에 배치되어 있다.

봉황문은 아직 사리에 어두워 갈피를 잡지 못하고 헤매는 미망(迷妄)의 세계다. 해탈문을 지나서야 불도의 가르침으로 해탈에 이르는 세계에 도달할 수 있다. 그러니 봉황문과 해탈문의 사이는 욕망이 지배하는 어지러운 중생과 해탈의 중간 세계다.

봉황문에서 해탈문에 이르려면 서쪽으로 꺾어서 돌아가야 하는데, 국사단은 동쪽에 위치해 있다. 토속 신앙을 존중하되 불도의 가르침 안에

해인사 일주문 숲길.

살며시 두려는 고민이 엿보이는 대목이다.

  해인사의 일주문을 지나 전나무가 만들어준 길을 따라 그 옛날 이곳에 사찰을 지었던 이들의 마음으로, 깨달음을 얻기 위해 옮겼던 발걸음으로 이곳을 걸어본다. 속세의 번뇌를 잠시 놓을 수 있기를 바라면서.

동양의
나폴리
경상남도 통영

마을에 들어서면 감칠맛 나는 통영 사투리를 써놓은 팻말이 눈길을 끈다.
"무섭아라! 사진기 매고 오모 다가, 와 넘우집 밴소깐꺼지 디리대고 그라노? 내사 마, 여름내도록 할딱 벗고 살다가 요새는 사진기 무섭아서 껍닥도 몬벗고, 고마 덥어 죽는 줄 알았능기라."
무서워라! 사진기 메고 오면 다예요? 왜 남의 집 변소까지 들여다보고 그래요? 나는 여름내 옷을 벗고 살다가 사진기 무서워서 옷도 못 벗고, 그냥 더워서 죽는 줄 알았다니까요.

박경일 외 《여행을 부르는 결정적 순간》

통영은 쪽빛 바다가 빼어나게 아름다운 곳이다. 봄, 여름, 가을, 겨울 너무 덥지도 너무 춥지도 않아 다니기에도 좋다. 굳이 눈을 돌려 훑어보지 않아도 그냥 머릿속으로 들어와 가슴에 오래도록 남는다. 사천, 남해를 거쳐 여수에 이르는 아름다운 바닷길, 한려수도가 시작된 곳이기도 하다. 250여 개의 섬을 품은 바닷길도 아름답지만 통영을 둘러싼 바다를 보며 걷는 산책길이 백미다. 이 길을 걷다보면 통영이 지중해에서 가장 아름답다는 나폴리와 견주어도 손색이 없을 만큼 아름다운 곳이라는 것을 느낄 수 있을 것이다.

통영의 새벽을 즐기는 방법
| 서호시장, 바닷가 산책로 |

반짝이는 바다를 품은 아늑한 항구, 그 항구를 품은 산기슭이 마치 동화 속 한 장면 같은 강구안은 중앙시장과 서호시장 등 통영의 대표 시장이 위치한 곳이다. 바닷가를 찾는 여행객이 그렇듯, 통영을 여행하는 이들 역시 싱싱한 해산물을 맛보길 원한다. 물론 서호시장에서는 즉석에서 먹는 막회와 통영의 명물인 충무김밥을 맛보는 즐거움이 있다. 그러나 통영을 찾은 이유가 식도락이 아니라면 새벽의 서호시장을 찾아보자. 또 다른 즐거움을 느낄 수 있을 것이다.

청정 해역에서 나는 신선한 활어와 수산물이 풍부한 서호시장.

한 상 푸짐하게 차려진 다찌집 상차림은 그날그날 메뉴가 달라진다.

짭조름한 바다 냄새가 물씬 나는 새벽 서호시장은 여객터미널로 향하는 객들의 바쁜 움직임과 만선의 배에서 생선을 나르는 어부, 시장상인의 바쁜 움직임으로 생동감이 넘친다. 팔딱팔딱 뛰는 생선을 사려는 상인들의 새벽 경매는 부지런한 여행객들만이 볼 수 있는 큰 즐거움이다.

서호시장에서는 이 지방 사람들이 즐겨 찾는다는 다찌집을 찾아보자. 다찌집에서는 술과 안주를 따로 시키는 것이 아

통영 바다를 옆에 두고 길게 뻗어 있는 수륙-일운 해안도로.

니라 술을 주문하면 그에 맞춰 싱싱한 해산물 안주가 따라나온다.

자, 다찌집에서 든든하게 배를 채웠다면 서둘러 바닷가 산책로를 찾아가보자. 도남동에서 통영 공설해수욕장, 바닷가 절벽과 동굴로 이어지는 산책로를 왕복으로 두어 시간 걷고 나면 어느새 아침이 밝아온다.

이 산책로의 정식 명칭은 원래 수륙-일운 해안도로다. 수륙해안도로, 삼칭이해안도로라고도 부른다. 도남관광지 금호충무마리나리조트에서 일운마을까지 해안을 따라 해안도로가 이어져 있는데, 명칭과 상관없이 출발지를 어디로 잡느냐에 따라 산책길의 길이와 시간도 달라진다.

그러나 어디에서 출발한다 해도 아름다운 길을 걸으며 코발트빛 바다를 느끼는 즐거움은 같을 것이다.

우리나라 백대 명산인 미륵산. 봉평동 용화사 광장을 기점으로 하는 코스와 산양읍 미래사 입구에서 올라가는 코스가 있으며 40분 정도 걸린다.

한려수도를 관광엽서에 담다
| 미륵산 |

통영 시내에서 통영대교나 충무교를 건너면 닿는 섬, 미륵도. 새해를 맞아 해돋이 관광객에게 이름이 꽤 알려진 미륵산이 위치한 곳이다. 통영 사람이나 관광객이나 통영에서 한려수도와 일출을 보기 위해 통영에서 제일 높은 벽방산이 아니라 미륵산을 오르는데, 그 이유는 동양의 나폴리라 불리는 통영항이 한눈에 들어오는 조망이 일품이기 때문이다. 한려수도 풍경을 담은 관광엽서 대부분을 이곳에서 찍었다고 하니 말해 무엇하겠는가.

열의 아홉이 입에 침이 마르도록 칭찬하는 조망이라 해도 일단 산에 올라야 하는 부담이 있다. 이처럼 등산이 부담스러운 여행객들에게 희

해발 461미터의 미륵산에서 운영하는 통영 미륵산 한려수도 조망케이블카. 아름다운 통영항을 한눈에 볼 수 있다.

소식이 있는데, 바로 조망케이블카가 있다는 것이다. 2008년부터 운행이 시작된 통영 미륵산 한려수도 조망케이블카는 1,975미터로 국내에서 제일 길다.

　이른 아침, 한 폭의 산수화를 느끼고 싶다면 미륵산의 전망대를 권한다. 운이 좋아 날이 맑으면 일본 대마도, 지리산 천왕봉, 여수 돌산도까지 볼 수 있다.

　그림 같은 풍경을 등지고 하산할 때는 도보를 권한다. 서남쪽으로 한려수도 못지않은 육지의 비경이 여행객을 기다리고 있기 때문인데, 바로 미륵산 자락을 끼고 층층이 올라붙은 다랭이 논이다. 햇빛을 받아 아침, 저녁 다른 색으로 빛나는 다랭이 논은 바다와는 또 다른 아름다운 모습이다.

통영 앞바다를 품은 골목
| 동피랑 |

　　　　　　　　어딜 가나 보이는 골목이 뭐 그리 특별할 것이 있겠느냐고 할 수 있

동피랑이란 이름은 '동쪽 벼랑'이라는 뜻이다. 통영시 동호동에 있는 마을로 중앙시장 뒤편 언덕에 위치해 있다.

227

철거 대상이었던 동피랑마을은 벽화로 인해 관광객들의 발길이 끊이지 않는 통영의 새로운 명소로 변모하였다.

지만 사라지는 골목 한 귀퉁이가 아쉬운 요즘, 철거 예정지였던 동피랑이 우리에게 주는 감동과 교훈은 남다르다. 강구안을 끼고 있는 남망산 조각공원과 마주한 산동네 동피랑은 동쪽 벼랑 끝에 있다고 해서 붙여진 이름이다.

50여 가구가 서로 벽과 벽을 붙이고 줄지어 서 있는 허름한 산동네 동피랑의 골목이 사라질 위기에 놓인 적이 있었다. 이곳은 충무공 이순신 장군이 설치한 통제영의 동포루가 있던 자리로, 통영시가 복원을 위해 마을을 철거하기로 했었던 것이다. 문화재가 아무리 중요하다고 하나 현재 이곳을 떠나면 생계가 막막한 이들의 삶도 그만큼 중요한 법. 얼마만큼의 보상비만 받고 외지로 떠나게 된 주민들의 현실을 안타까워한 한 시민단체가 동피랑 벽화공모전을 열었다. 전국 각지에서 몰려온 미술학도들은 이 산동네 벽을 캔버스 삼아 어디에서도 볼 수 없는 벽화들을 만들어냈다. 통영 앞바다에서 조개만 구워먹고 떠나던 이들이 하나, 둘 산동네의 벽화를 구경하기 위해 골목을 누비기 시작했고, 지금은 통영에서 빠질 수 없는 관광지 중 하나가 되었다.

동피랑이 벽화로 유명해지면서 관광지가 되었지만 골목과 벽화가 전부는 아니다. 골목을 누비며 벽화를 감상하다보면 골목 사이사이로 푸른 통영 바다가 한눈에 들어온다. 바다를 보다가 나도 모르게 사람 사는 곳이라는 걸 깜빡한 채 남의 집 앞마당에 발을 디디게 되는 곳이 바로 동피랑이다.

관광지를 다니다보면 으레 있는 것이 번듯한 카페, 이름난 음식점, 술집이 아닐까? 게다가 이렇게 경치 좋고 예술적인 마을에 카페 하나쯤 있는 것이 당연할지도 모른다. 그러나 아무리 관광객들이 몰려오는 여행지가 되었다고 하지만 이곳은 아직도 산동네다. 그렇다 보니 카페라고

동피랑의 명소 태인카페.

있는 것이 간판만 카페인 구멍가게다. '태인카페'라는 간판을 달고 있는 이 카페는 얼마 전까지만 해도 '파고다카페'였다. 이 카페는 동피랑의 명소로 소문이 자자해 이곳을 방문하는 객들은 누구라도 이 카페의 커피를 마신다. 종이컵에 커피믹스를 넣고 대충 뜨거운 물을 부었을 뿐인데 이상하게 이곳의 커피는 유독 맛있다. 아마도 통영 앞바다가 눈앞에 펼쳐져 있기 때문일 것이다.

영화의
주인공이 되는 도시
부산

〈범죄와의 전쟁〉은 부산을 배경으로 촬영되었다. 부산 사투리는 이 영화의 맛을 살리기 위해 필수불가결한 요소였다. 〈황해〉의 조선족 연기 외에는 사투리를 쓰는 역할을 맡은 적이 없던 하정우에게 사투리는 정복해야 할 대상이었다.
"사투리 연기는 어려웠다. 부산이 배경이라는 사실을 알고 있었기 때문에 출연을 결정한 후 귀를 열고 살았다. 함께 출연한 배우 중 한 명을 전담 선생님으로 두고 연습했다. 촬영 한 달 전에는 부산에 내려가 윤종빈 감독의 친구들과도 어울렸다. 일종의 어학연수였다."

〈스포츠한국〉 키워드로 알아보는 '범죄와의 전쟁' 하정우

한국 영화의 배경으로 자주 등장하는 부산은 바다, 산, 강이 어우러져 있고 과거와 현대가 함께 공존하는 독특한 분위기 때문에 영화 촬영지로 각광받는 곳이다. 부산이 대표적인 영화 촬영지가 된 계기는 영화 〈친구〉가 흥행을 거두면서부터다.

2001년 곽경택 감독의 영화 〈친구〉는 꽃미남 배우 장동건을 연기파 배우로 탈바꿈시켰고, 동시에 부산 자갈치시장을 널리 알린 작품이다.

우리나라 제2의 도시이자, 제1의 무역항 부산. 세계의 어느 도시 못지않게 야경이 화려하다.

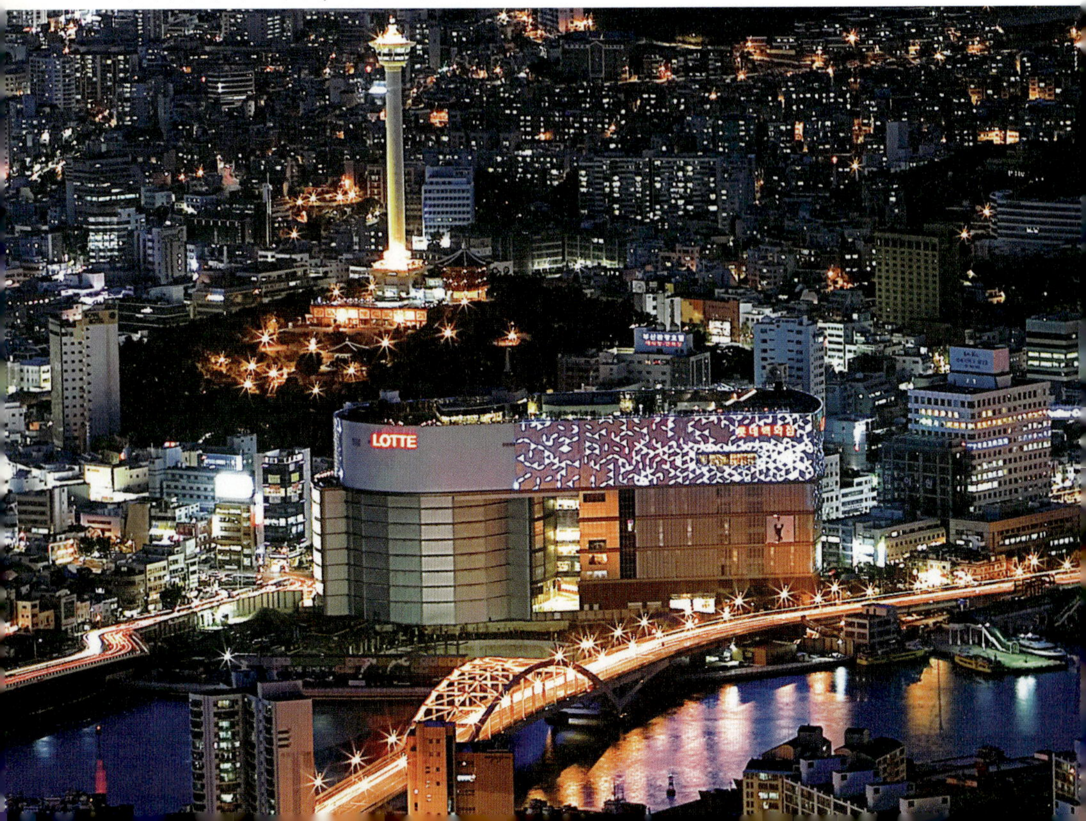

자갈치시장은 부산의 대표적인 재래시장으로 자갈치란 이름은 지금의 충무동 로터리까지 뻗어 있던 자갈밭을 자갈처(處)라고 불렀던 데서 유래했다.

많은 인파로 북적이고 있는 곰장어 골목길.

영화 〈친구〉에서 주인공 준석과 그의 친구들이 활보하고 다녔던 곳이 바로 우리나라 최대 수산시장인 자갈치시장이다.

부산 자갈치시장은 숱한 이야기와 화제가 쌓인 곳이다. 한국전쟁 후 여인네들이 중심이 되어 어시장 형태로 자리를 굳히게 되면서 '자갈치 아지매'라는 정겨운 이름도 생겨났다. 부산 사람들의 숨결을 느낄 수 있는 이곳은 부산의 대명사로 자리잡았다.

자갈치시장은 1889년 일본인들이 자국 어민을 보호하기 위해 인근에 부산수산주식회사를 세우면서 시작되었다. 그리고 해방과 함께 일본에서 귀향한 이들이 부산에 터를 잡으면서 한꺼번에 장사를 시작했고, 한국전쟁 때는 피난민들이 내려와 좌판을 열면서 시장으로 커진 것이다.

자갈치시장하면 곰장어에 소주 한 잔을 떠올리는 이들이 많을 것이다. 어려웠던 시절, 주머니가 가벼운 이들에게 곰장어는 최고의 술안주였다. 지금은 1백여 개 업소가 빽빽하게 들어서 먹자 골목으로 변신한 곰장어 골목은 자갈치시장을 찾는 관광객이라면 꼭 한번쯤 둘러보는 관광명소다.

　부산에서 영화의 한 장면을 연출하고 싶은 이들이 찾는 곳은 부산영화촬영스튜디오다. 이곳에서는 〈싸이보그지만 괜찮아〉, 〈사생결단〉, 〈오아시스〉 등의 한국 영화들이 촬영되었다. 물론 영화의 도시 부산이기 때문에 원하는 사람은 누구나 신분증만 제시하면 영화와 관련된 거

수영요트경기장 내에 위치한 부산영화촬영스튜디오.

의 모든 것을 무료로 즐길 수 있다. 영화의 배경이 되었던 장소나 브로마이드 옆에서 사진만 찍을 수 있는 곳과는 확연히 다르다.

이국적인 부산에서 만난 산토리니
| 감천동 문화마을 |

부산은 항구도시이며 일본과 가까이 있어 다른 도시와 다르게 이국적인 분위기가 물씬 풍긴다. 만약 부산의 이국적인 느낌을 더 강하게 받고 싶다면 조금 높은 곳에 올라야 한다. 바로 부산의 '레고마을'이라고 불리는 산동네, 감천동 문화마을(태극마을)이다.

기름때 묻은 작업복, 구멍 뚫린 양말, 오래되어 해진 내복, 고된 하루가 빨랫줄에 길게 드리워진 전형적인 산동네 감천동 문화마을. 부산 사하구 감천 2동 감천고개 꼭대기 옥녀봉에서 천마산을 이르는 산자락을 따라 알록달록한 슬레이트 지붕의 집들이 다닥다닥 서로 몸을 붙이고 있다. 집집마다 색깔도 제각각이다. 어떤 집은 파란 지붕에 하얀색 담벼락이고, 그 옆집은 초록 지붕에 옅은 풀색 담벼락이다. 그래서 위

산자락을 따라 줄지어 늘어서 있는 집들이 옹기종기 모여 있는 감천동 문화마을의 전경.

감천동 문화마을 초입에 있는 민들레 홀씨 조형물. 민들레 홀씨가 바람에 날려 다른 곳에서 꽃을 피우듯 주민들의 희망 메시지가 꼭 이루어지기를 바라는 마음을 담고 있다.

에서 내려다보면 꼭 장난감집 같다.

　이곳은 추억으로 사라진 골목길의 정취가 그대로 남아 있다. 요즘 들어 골목길에 대한 대중들의 관심이 부쩍 높아진 것은 아마도 소박한 일상과 삶의 애환이 한데 엉킨 추억 때문일 것이다. 그렇다면 부산의 이 질펀한 산동네만큼 진솔한 삶의 모습이 골목길에 그대로 남아 있는 곳도 많지 않을 것이다.

　처음 보는 이야 앙증맞고 이국적인 풍경이라 느끼겠지만 여기에는 문화마을 사람들의 말 못할 가슴 찡한 사연이 있다. 마을의 환경미화를 위해 이렇게 집집마다 다른 색의 페인트칠을 한 것이 아니라 조금씩 여유 있을 때마다 칠하고 보니 이렇게 알록달록한 집이 되었던 것이다.

　집집마다 다른 색의 지붕과 담벼락 이외에 이 마을에서 볼 수 있는 특이한 점은 거의 모든 집이 같은 방향으로 되어 있다. 좁고 비탈진 산동네 골목에서 조금이나마 볕을 조금 더 잡아두려고 했던 것이다.

　요즘 들어 낯설다 못해 이국적인 풍경, 집집마다 멀리 내려다보이는 감천 앞바다 풍경을 담으려는 이들이 이곳을 찾는다. 이곳이 통영의 동피랑과 다른 점은, 동피랑 주민들은 스스로 나서 마을을 관광지로 만들어 기사회생했기 때문에 관광객을 맞이하는 모습이 여유롭다는 것이다. 그러나 이곳은 동피랑과는 달리 어려운 생활 속에 어쩌다가 옹기종기 모여 이렇게 이색적인 마을이 된 것이다.

　카메라를 맨 이들은 무너져가는 슬레이트 지붕과 마을 사람들이 함께 쓰는 공용 화장실이 신기하고 예스럽게 느껴지겠지만, 이곳 사람들에게는 고달픈 현실일 뿐이다. 이곳 주민들 입장에서는 카메라를 메고 다짜고짜 이곳저곳을 찍어대는 이들의 무례가 달가울 리 없다.

　그나마 이곳에 좋은 소식이 들려오고 있다. 문화체육관광부의 2009년

마을미술프로젝트 공모에 '꿈을 꾸는 부산의 마추픽추'라는 주제로 당선되어 부산의 예술가와 주민들, 구청이 함께 문화마을의 살길을 모색하고 있다는 것이다.

'행복하세요', '부자되세요' 주민들의 작은 소원을 담아 마을 입구에 세워진 민들레 홀씨처럼 이 마을에도 삶의 희망이 깃들길 빌어본다.

눈부시게 밝은
봄의 도시
경상남도 밀양

"밀양이 어떤 곳이에요?"라는 질문은 영화를 일관(一貫)하는 주제고, 대사의 시종(始終)을 장식한다. 밀양 사람 종찬(송강호)은 서울 사람의 똑같은 질문에 다르게 답한다. 처음에 신애(전도연)가 묻자 "인구가 많이 줄어들고…… 우리가 뜻 보고 삽니까, 그냥 사는 기지."라고 답하고, 마지막에 신애의 동생이 묻자 "똑같아예. 딴 데하고. 사람 사는 게 다 똑같지예."라고 답한다. 즉 〈밀양〉은 밀양이라는 소도시 공간을 빌려서 말하지만, 세상 어디에서나 일어나는 고통과 구원의 얘기인 것이다.

〈한겨레 21〉"밀양이 어떤 곳이에요?"

밀양(密陽)은 볕이 빽빽하게 내리쬔다고 해서 붙여진 이름이다. 그렇다면 밀양의 봄은 따뜻할까? 그러나 영화 속 밀양은 다른 곳보다 더 따뜻하지도, 더 푸근하지도 않다. 신애(여주인공)에게는 지독히 춥고 고통스러운 곳이다. 그러나 생각해보면 그녀에게 일어났던 사고가 어디 밀양에서만 특별하게 일어나는 일이던가……. 우리가 사는 곳에서도 날마다 섬뜩하고 고통스러운 사건이 일어난다. 그런데 사람들은 그날이 지나 다음 날이 되면 무슨 일이 있었느냐는 듯 태연하게 산다. 다른 날과 다름없이 밀양에서의 일상은 그렇게 흘러간다. 그것이 무서운 것이다. 어쩔 수 없이 오늘을 그렇게 살아가야 한다는 것. 〈밀양〉을 보고 나면 마음이 따뜻해

영남루에 오르면 밀양 시가지가 한눈에 들어온다.

지기보다는 가슴이 먹먹해지도록 아픈 건 그 때문이 아닐까?

　밀양은 영화 속 대사처럼 여느 곳과 다르지 않다. 여행객에게 그다지 매력적이지 않은 곳이라고도 할 수 있다. 하다못해 번듯한 유적지나 사원, 유명한 절이나 단풍이 넘실대는 이름난 산도 없다. 그러나 〈밀양〉의 이창동 감독은 밀양이 그저 그런 소도시의 정취가 남아 있기 때문에 촬영지로 선택했다고 한다. 소도시의 정취라는 것은 오밀조밀하고 낙후된 도시에서 흘러나오는 정체된 시간의 느낌이다.

호수 위와 아래로 피어난 이팝나무
| 위양못 |

　　　　　　　　　　5월의 밀양은 소도시의 낙후되고 정체된 시간을 잊게 해줄 만큼 아름답다. 밀양의 따뜻한 볕이 '위양못'에 반영되기 때문이다. 위양못에 이팝나무가 피는 5월에 이곳을 찾는다면 밀양을 기억에서 지우지 못할 것이다. 그 하얗고 소담스러운 꽃이 위양못 위로, 수면 밑으로 만개하는 장면을 그 누가 잊을 수 있을까?

　이 나무는 입하(立夏) 무렵에 핀다고 하여 이팝나무라 불린다는 설도 있고, 이 꽃이 만발하면 그 해 벼농사가 잘 되어 쌀밥을 먹게 된다고 해서 이밥나무라 불리던 것이 이팝나무가 되었다는 설도 있다.

　꽃의 생김새가 쌀밥처럼 생겼다고 해서 '쌀밥꽃'이라고도 불리는 이팝나무의 꽃은 벚꽃처럼 화려하진 않지만 소담스럽게 피어 있는 모습이 어여쁘다. 이 소담스러운 꽃이 호수 위로, 잔잔한 호수 면에 반영되어 피어 있는 모습을 상상해보라. 이팝나무가 흐드러지게 피는 5월의 위양못은 그래서 이 세상의 공간이 아닌 듯하다. 마치 꿈에서 본 듯한 몽

위양못과 푸른 신록으로 둘러싸여 있는 완재정.

환적인 느낌이 든다. 이곳은 현재 진행형의 공간이 아니라 잠시 시간이 멈춘 듯하다.

위양못은 밀양시 부북면 위양리 동쪽에 위치한 저수지다. 원래 '위양'이란 양민을 위한다는 뜻이다. 이름에서도 알 수 있듯이 농사를 짓는 양민들을 위해서 만든 연못이지만, 선비들이 찾는 명소로도 유명했던 곳이다. 양반들이 즐겨 찾던 명소들은 대부분 그들만의 사적인 공간으로 꾸며져 있다. 그러나 위양못은 세도가들이 찾는 곳이긴 하나 엄연히 백성들을 위한 공간이기에 공적인 공간을 운치 있게 꾸며놓은 것이 특징이다.

위양못의 운치를 더하는 것은 못 한가운데 이팝나무 사이로 떠 있는 듯 감춰진 완재정 때문이다. 완재정이란 이름은 건물보다 먼저 생겨났

거울 같은 호수에 이팝나무가 그대로 반영되어 피어난다.

다. 이름은 5백 년이 넘었는데 건물이 지어진 것은 1백여 년 전이다. 어떻게 이런 일이 일어난 것일까?

임진왜란에 포로로 잡혀갔다가 12년 만에 사신을 따라 돌아온 안동 권씨 일족이 위양못에 정자를 지으려고 이름을 지었다. 그러나 바로 건물을 짓지 못하고 있다가, 수백 년의 시간이 흐른 뒤 안동 권씨 후손들이 선조들의 유지를 받들어 위양못 가운데 정자를 지으니 이것이 바로 완재정이다.

이곳에 걸려 있는 《완재정기(宛在亭記)》에는 '완재정의 못은 양야지(陽也池) 또는 양양제(陽良堤)로 불렸으며, 신라와 고려시대를 통해 못물을 들판에 대어 농사를 지은 백성을 살리는 이로운 못이라 하였고, 사방의 제방에 아름다운 나무와 신기한 꽃을 심어 은자들이 소요하는 곳'이라고 기

밀양강가에 있는 조선시대 누각인 영남루.

록되어 있다. 시간이 흘러 《완재정기》에 기록된 것과는 조금 다르지만 산책로를 따라 소나무와 느티나무, 참나무들이 숲을 이루고 있으며 그 사이사이로 이팝나무가 소복이 얼굴을 내미는 모습은 여전하다.

완재정의 내부는 평상시에는 공개되지 않는다. 그러나 간혹 안동 권씨 문중 행사가 있는 날이거나 이곳을 청소하는 틈틈이 열릴 때가 있는데, 완재정에서 바라보는 위양못을 감상할 수 있는 좋은 기회다.

밀양팔경에 속하는 위양못의 반영(反映)을 찍기 위해서는 아침에 찾는 것이 좋다. 게다가 물에 비친 완재정과 이팝나무를 담고 싶다면 날씨에도 각별히 신경 써야 한다. 바람이 잔잔한 날이 아니라면 위양못의 백만 불짜리 반영은 담기 힘들다. 만약 머릿속에 그리던 위양못의 풍경을 담지 못했다고 하더라도 실망하기는 아직 이르다.

밀양교에서 바라본 영남루. 밀양강 절벽에 쌓인 아름다운 설경을 자랑하고 있다.

위양못 앞에는 완재정과 이팝나무가 아니더라도 바람에 흔들리며 푸른 물결을 일으키는 청보리밭이 있기 때문이다. 봄부터 초여름 사이 성인 무릎까지 올라오도록 성장한 청보리밭의 풍경은 바람이 부는 날에 가야 싱그러운 모습을 제대로 건질 수 있다.

밀양을 찾는 이들은 으레 영남루를 찾거나 얼음골로 향한다. 밀양팔경 첫손에 꼽히는 영남루에 올라 밀양을 내려다보는 것도 여행의 즐거움이다. 그러나 밀양을 다시 한 번 찾으려고 한다면 별 기대 없이 위양못을 찾아가보길 바란다.

지나친 기대는 여행의 감동을 감소시킬 것이다. 하지만 당신이 한순간 침묵을 담고 싶다면 위양못만큼 딱 맞아떨어지는 곳도 없을 것이다.

만어사 대웅전의 모습. 오른쪽에 보이는 석탑은 보물 제466호로 지정된 만어사 삼층석탑이다.

두드리면 종소리가 난다는 너덜겅.

밀양의 3대 신비
| 만어사, 얼음골, 표충비 |

밀양의 3대 신비 중 첫 번째로 꼽히는 만어사(萬魚寺). 전설에 의하면 동해 용왕의 아들이 자신의 수명이 다해 신승(神僧)을 찾아가 새로 거처할 곳을 물어보았더니 그가 말하기를 가다가 멈추는 곳이 바로 그곳이라고 하였다. 신승의 말을 듣고 용왕의 아들이 길을 떠나니 수많은 물고기가 그의 뒤를 따랐다. 용왕의 아들은 길을 가다 멈춘 곳에서 미륵바위가 되고, 그를 뒤따르던 물고기 떼는 작은 바위가 되었다고 한다. 이것이 만어사 앞의 너덜겅 전설이다.

수많은 돌이 하늘을 향해 솟구쳐 오르듯이 널려 있는 만어사 너덜겅에는 또 다른 전설이 있다. 옛날 만어산에 다섯 악귀와 독을 품은 용이 이 지방의 농사를 방해해 흉년이 계속되었다. 이 소식을 듣고 만어산을 찾은 수로왕이 주술로 악귀와 용을 물리치려 했으나 실패하고 부처에게 도움을 요청했다. 부처가 이를 듣고 와서 설법하자 용이 감화받아 제자가 되었고 그 용을 따라온 물고기들이 산중에 모여들어 돌이 되었다는 것이다.

만어사의 너덜겅에는 전설처럼 신기한 일들이 지금도 일어난다. 이 수많은 바위 중 절반 이상은 두드릴 때 청명한 소리가 나는데, 이 소리가 맑은 종소리와 쇳소리, 옥소리 같다.

이처럼 신기한 너덜겅을 찾아 만어사에 오는 이들도 있지만, 소원을 빌기 위해 찾는 이들도 많다. 이곳에는 소원을 들어준다는 거북이 등껍질 모양의 돌이 있는데, 소원을 빌고 이 돌을 들었을 때 바닥에서 떨어지지 않으면 소원이 이루어진다고 한다.

밀양의 두 번째 신비는 바로 여름에는 얼음이 얼고 겨울에는 녹는 '얼

만어사에 있는 거북이 등껍질 모양의 돌. 소원을 빌고 이 돌을 들었을 때 움직이지 않으면 소원이 이루어진다고 한다.

1 한여름에도 계곡 아래로 흐르는 물에 손을 담그면 차갑다 못해 시린 얼음골 계곡.

2 밀양 홍제사에 있는 표충비. 국가에 중대사가 있을 때마다 표면에 물기가 맺혀 빗물처럼 흐른다고 한다.

음골'이다. 천황산 동북쪽 산줄기 북쪽 계곡에 위치한 이곳은 삼복더위에는 얼음이 얼고 처서가 지날 무렵부터 얼음이 녹아 여름에는 차가운 바람이, 겨울에는 따뜻한 바람이 불어온다.

마지막으로 밀양의 세 번째 신비는 바로 표충비(表忠碑)다. 이 비는 영조 18년, 임진왜란 당시 승병을 이끌어 왜군을 크게 무찌르고 전쟁포로로 일본에 끌려간 조선인 3천 명을 환국시킨 사명대사의 뜻을 기리기 위해 세워진 것이다. 비석의 앞면에는 사명대사의 행적을, 뒷면에는 사명대사의 스승인 서산대사의 공덕을, 측면에는 표충사에 대한 내력과 기허대사의 비명을 새겼다. 이 비석은 나라에 큰일이 있을 때마다 표면에 물기가 맺혀 빗물처럼 흐르는 신기한 현상으로 세상에 알려지게 되었다. 사람들은 이 비석에 사명대사의 영험이 깃들어져 있다고 믿고 있다.

 시간을 잠시 멈추고 싶다면 밀양은 그야말로 볼거리와 이야기가 어우러진 곳이다. 빽빽하게 해가 비추는 따뜻한 볕의 고장 밀양, 미르벌 용의 벌판이라 용과 관련된 전설이 많은 이곳에서 옛날이야기를 들으며 여행의 즐거움을 맛보길 바란다.

누구나 알지만,
누구도 모르는 그곳
경상북도 경주

사람들은 경주를 거론하며 동시에 신라를 떠올린다. 천 년을 빛냈던 한 나라의 도읍지가 그렇듯, 그곳은 나라의 존폐와 연결되어 각인되기 때문이다. 그래서 우리는 경주를 방문하면서 신라의 모습만 보고 신라의 흔적만 따라간다.
그러나 생각해보면 경주는 통일신라가 사라지고 나서도 여전히 그 자리에 있었다. 여전히 그곳에서 사람들이 살았고, 훑어갔든 찬란했든 역사는 존재했다.

〈공감코리아 정책기자마당〉 경주의 밤은 낮보다 아름답다

누구나 한 번쯤 경주에 갈 기회가 있었을 것이다. 경주는 중·고등학교의 대표적인 수학 여행지이고, 답사지이며, 가족 여행지이기 때문이다. 혹여 경주를 가보지 않았더라도 불국사, 성덕대왕신종, 죽어서도 나라를 지키겠다던 문무대왕암을 모르는 이는 거의 없다. 그래서 경주는 그 어느 고장보다 익숙하다. 그런데 막상 경주에 가면 경주가 낯설다. '열

명승고적지로 이루어진 경주 시가지의 모습. 경주는 도시 전체가 문화재라고 해도 손색이 없다.

길 물속은 알아도 한 길 사람 속을 모른다.'는 속담을 경주에 적용하면 이렇게 바뀌지 않을까?

'경주로 가는 열 길은 알아도 경주를 아는 한 길은 알지 못한다.'

경주는 그야말로 뚜껑 없는 박물관이다. 오죽하면 경주에서 집을 지을 때는 땅을 파다 무언가 나오면 그대로 덮으라는 말이 있을까. 사방이 문화재이고 천지가 보물인 경주에서 한꺼번에 모든 것을 보고 깊은 감동을 느끼겠다고 하는 건 너무 과한 욕심이다. 자칫했다간 뭘 보고 왔는지도 모른 채 발도장 찍은 기억밖에 남지 않을 것이다.

자, 선택과 집중을 발휘해서 경주에서 무엇을 볼 것인지 결정할 때다. 준비가 끝났으면 경주로 출발해보자.

안압지 야경. 안압지는 경주시 인교동 있는 신라 때의 연못이다.

경주의 대표적인 유적지 불국사. 신라인이 그리던 이상적인 피안의 세계를 나타냈다.

세계에서 가장 아름다운 종소리
| 성덕대왕신종 |

경주를 한 번이라도 가봤던 이들은 웬만한 국보급 문화재를 훑어보긴 했을 것이다.

수학여행 일번지라 불리는 대릉원의 천마총부터 불국사, 석굴암 석굴, 경주박물관, 경주 계림 등. 도대체 우리는 무엇을 봐야 할까?

상투적으로 느낄 수도 있지만 석굴암 석굴과 성덕대왕신종만 확실히 보고와도 경주답사는 성공적이라고 할 수 있다. 누구나 봤지만 진정한 석굴암 석굴의 아름다움을 느끼는 여행, 항상 봤지만 들어본 적 없는 성덕대왕신종의 깊은 울림, 신라문화의 결정체요, 정신이라고 할 수 있는 이 문화재들은 그 하나만 깊이 파고든다면 2박 3일도 모자란다.

국보 제29호, 우리가 흔히 에밀레종이라고 부르는 성덕대왕신종은 몇 킬로미터 밖까지 청아한 소리가 들리는 미스터리한 종으로 유명하다. 일본의 한 방송국에서 세계 종소리에 대한 특집 프로그램을 제작했는데, 성덕대왕신종이 가장 으뜸으로 꼽혔다고 한다.

성덕대왕신종 소리가 긴 여운을 갖는 이유는 '맥놀이' 현상 때문이다. 맥놀이는 종을 치면 진동수가 거의 비슷한 두 개의 음파가 동시에 발생할 때 생기는 현상으로, 두 개의 음파가 서로 간섭하면서 강약을 반복해 소리를 먼 곳까지 전달시킨다.

성덕대왕신종의 양 측면에 연꽃무늬 당좌가 새겨져 있는데 반드시 이곳을 쳐야만 장중한 소리가 난다고 한다. 그렇다면 양 측면에 무늬를 새기면 과연 다른 종도 성덕대왕신종처럼 깊은 소리를 낼 수 있을까? 소리가 양측의 균형에서만 나오는 것이라면 이 종이 신비의 종으로 불리지 않았을 것이다. 성덕대왕신종은 상하와 배 부분의 두께가 다르다. 아마도 이 배율이 소리의 비밀이 아니겠느냐는 것이 현재까지의 연구결과다.

성덕대왕신종의 또 하나의 신비는 바로 매끈한 표면이다. 높이 3.75미터, 입지름 2.27미터, 두께 11~25센티미터, 무게 약 19톤이나 되는 종을 만들려면 엄청난 양의 주물이 필요하다. 게다가 이 많은 양의 주물을 한꺼번에 넣을 때 자칫하면 기포가 생기는데, 기포가 생기면 종이 쉽게 깨져버린다. 때문에 성덕대왕신종보다 큰 종은 다른 곳에도 있으나, 오랜 세월 동안 종소리를 낼 수 있는 것은 우리나라의 성덕대왕신종이 유일무이하다고 알려져 있다.

참고로 러시아 상트페테르부르크 시, 크렘린 궁 안에 있는 황제의 종은 무게가 무려 2백 톤이 넘지만 한 번 쳐보지도 못하고 깨진 채 전시되어 있고, 미국 필라델피아 자유의 종 역시 깨진 채 걸려 있다. 현대 과

에밀레종 또는 봉덕사종으로도 불리는 우리나라에 남아 있는 가장 큰 종인 성덕대왕신종. 국립경주박물관에 보관되어 있다.

학으로도 성덕대왕신종의 크기와 무게를 가진 종을 기포 없이 제작하는 것이 불가능하다고 하는데, 1천 3백여 년 전에 엄청난 양의 주물을 사용해 기포 없이 종을 만들었다는 것 자체가 미스터리라고 할 수 있다.

이 정도로 성덕대왕신종의 우수성에 대해 설명을 들었다면 누구나 이 종소리가 듣고 싶어질 것이다. 원래 매년 12월 31일 서울 보신각과 함께 제야의 종소리를 냈으나 1992년부터 타종이 중단되었다. 그러다 2001년 10월 진동 및 음향 신호의 측정을 기록하고 주파수 분석을 통해 종의 상태를 진단하기 위해서 18번 타종식을 거행했고 2001년과 2003년 개천절에도 타종되었으나, 2004년에 성덕대왕신종의 타종을 영구히 중단시켰다. 성덕대왕신종의 안전과 유물로서의 가치를 연장하기 위해 더 이상 타종하지 않겠다는 취지였다.

물론 이 발표가 있은 후 사람이 살아야 집이 오래도록 제 모양새를 갖추듯, 종도 쳐야 더 오래 보관할 수 있을 것이라는 빗발치는 항의도 많다. 그러나 국립경주박물관 측은 성덕대왕신종이 소리를 내는 본래 기능은 중단되었으나 장기 보존으로 문화재의 가치가 더 높아질 것이며, 1천 3백여 년이 넘은 금속 유물에 충격을 가하는 것은 무모한 행위이기 때문에 타종 영구 중단은 번복되지 않을 것이라고 밝혔다.

이러한 박물관 측의 정책이 바뀌지 않는 한 우리는 이제 영원히 성덕대왕신종의 타종 소리는 들을 수 없다. 그러나 박물관을 방문하면 매 시각 정시에 녹음된 소리는 들을 수 있다. 그러니 성덕대왕신종 앞에서 사진만 찍고 돌아설 것이 아니라 녹음된 소리라도 시간에 맞춰 듣고 오는 것이 어떨까.

석굴암 석굴 입구. 이곳에서 10분 정도 걸어가면 석굴암 석굴에 도착한다.

신라 문화의 결정체이자 세계적인 문화유산
| 석굴암 석굴 |

이번에는 대한민국 국민이라면 누구나 알고 있는 석굴암 이야기다. 석굴암은 직접 본 적이 없어도 부처상의 온화한 미소가 머리에 그려질 만큼 우리에게 익숙한 문화재다. 모두가 알고 있지만, 모두가 모른다는 말은 이럴 때 써야 할 것 같다. 우리나라 국민 중 과연 몇 명이나 석굴암의 정식 명칭을 알고 있을까?

문화재청에 등록된 정식 명칭은 석굴암 석굴인데, 《삼국유사》의 기록을 보면 원래 이름은 석불사였다고 한다. 그러던 것이 임진왜란 이후 불국사에 예속되었다가 1910년경부터 일본인들이 석굴암이라 불렀는데, 이 명칭이 오늘날까지 이어져 석굴암이 된 것이다. 그러니 말하자면 이

주실 중앙에 있는 본존불상. 신라가 남긴 가장 탁월한 작품이며 유산이다.

석굴암이란 이름 자체가 일제의 잔재라 할 수 있다.

  석굴암 석굴은 원래 암자가 아니라 말 그대로 석굴사원이다. 우리나라 산은 화강암이 주류를 이루기 때문에 바위를 깎거나 자연 석굴을 이용한 석굴사원이 주류를 이뤘으나 석굴암 석굴은 자연 석굴이 아니라 인공 석굴이다. 그것도 주실의 천장이 돔으로 설계되었다. 약간의 오차만 있어도 바로 무너지는 돔 설계는 지금처럼 건축자재가 잘 발달되어 있지 않으면 상상을 초월할 정도로 작업하기가 힘들다.

  석굴암 석굴은 원래 사각형의 전실과 원형의 주실, 그리고 이 두 공간을 연결시키는 비도(扉道)로 구성되어 있는데, 주실 입구에 세워진 팔각형 돌기둥이 석굴 내 두 공간을 구분하는 역할을 담당하고 있다. 전실에는 불교의 여덟 수호신을 가리키는 팔부신중(八部神衆)이 새겨져 있다. 인

팔부신중. 불법을 수호하는 신중들의 상으로 전실의 좌우 벽에 각각 4구씩 배치되어 있다.

도에서 예로부터 전해지는 신들 가운데 여덟 신을 불교의 수호신으로 삼은 것이다. 전실에는 인왕상과 사천왕상을 부조하여 배치하였는데, 이들은 불법을 수호하는 한 쌍의 수문장으로 발달된 상체 근육이 용맹스럽게 보인다. 그러나 여타의 수문장과 다르게 이곳의 수문장은 엄격하나 부드럽고 너그러운 인상이 특징이다.

주실 뒷면 중앙에는 보살 가운데 가장 자비로운 보살로 11개의 얼굴만큼 다양한 방법으로 중생을 구제하고자 하는 십일면관음보살상, 그리고 궁극의 깨달음을 얻어 존경과 공양을 받으며 부처와는 다르지만 불제자로서 도달할 수 있는 최고의 지위에 오른 십대제자상이 좌우로 펼쳐져 있다.

그러나 이 모든 예술 경지의 궁극은 바로 주실 중앙에 있는 본존불상이다. 많은 이들이 이 본존불상을 일컬어 한국의 가장 아름다운 석조 조각이라 말한다. 보통 사람의 키를 기준으로 16척 크기의 불상으로 장육상(丈六像), 장육불상(丈六佛像)에 속한다. 이 거대한 본존불상은 8각 원형 대좌 위에 결가부좌로 앉아 있으며 오른손을 무릎 아래로 내리고 왼손을 무릎 위에 올리고 있는데 마군의 항복을 받고 있다는 뜻이다. 본존불상은 위엄 있는 얼굴, 반쯤 감은 듯 뜬 눈, 떡 벌어진 어깨와 힘찬 자세의 결가부좌로 앉아 있다. 인체의 곡선과 아름다움을 나타냈으나 여려 보이지 않고 기품 있어 보인다.

지금은 석굴암 석굴 안으로 관광객이 들어갈 수 없게 유리벽으로 막아놓았는데, 문화재 보호 측면이기도 하지만 석굴암 석굴이 해체되고 다시 조립되는 과정에서 생긴 습기와 이끼를 막기 위함이기도 하다. 일제강점기 시절 일본은 자신들이 문명국이고 우리 민족은 야만인이라는 것을 강조하기 위해 제대로 고쳐준다는 명목으로 석굴암 석굴을 전면 해체해 버렸다. 이 과정에서 주변의 석벽이 해체되어 콘크리트로 마감하고 천장도 철근 콘크리트로 덮는 일이 발생했다. 또, 원래 석굴 뒤쪽 암반에서 올라온 2개의 샘물이 지금의 석굴암 석굴 공터인 감수로 쪽으로 흘러내렸는데, 이것도 아연관으로 배수로를 만들어 밖으로 빼는 작업을 했다.

그 결과는 참담했다. 내부의 미관은 석굴암 석굴을 해치는 결정적 요인이 되었고, 수리 후 석굴암 석굴에 누수현상이 발생했는데 이것을 막기 위해 천장돔 외부에 하수관을 묻는 보수공사가 추가로 이루어졌다. 그러나 석굴의 누수현상은 그치지 않았고 보수공사가 3차까지 이뤄졌지만 습기 문제는 해결되지 않았다. 그래서 등장한 것이 그 안에 보일러를 놓는 것이었다.

3차 보수공사를 끝낸 석굴암 석굴은 평화를 되찾았을까? 그러나 수난은 그때부터가 시작이었다. 보수공사를 끝낸 일본은 증기세척으로 석

불에 낀 이끼를 제거하려고 했으나 일시적인 방법일 뿐 이끼를 완전히 제거하지 못했다. 일본의 과오로 이제 다시는 자연 그대로의 모습을 볼 수 없게 된 것이다. 지금의 석굴암 석굴은 유리벽 안의 습기와 이끼를 없애기 위해 보일러와 증기세척으로 견디고 있다. 자연통풍의 원리를 이용해 습기가 차지 않게 했던 우리 조상들의 지혜가 그리운 시점이다.

산자락에 흐르는 반촌의 향기
| 양동마을 |

경상북도 경주시 양동마을에선 조선왕조 5백년의 향수를 느낄 수 있다. 이 마을은 안동 하회마을, 칠곡 매원마을과 더불어 영남의 3대 반촌(班村)이라 일컫는 곳이다.

유서 깊은 양동마을의 모습. 수백 년 된 기와집과 토담들이 자연 속에 묻혀 있다.

265

반촌이란 양반들이 모여 사는 마을로, 대체로 읍에서 멀리 떨어져 있으며 마을 입구가 좁고 들어갈수록 넓어지는 형태로 되어 있다. 그러나 양동마을은 형태부터 보통의 반촌과는 조금 다르게 마치 숲과 숲 사이에 마을이 들어선 듯한 독특한 형태를 취하고 있다.

좀 더 쉽게 설명하자면, 마을의 배경이자 중심에 서 있는 설창산 문장봉에서 산등성이가 뻗어내려 4줄기로 갈라진 등선과 골짜기가 '물(勿)자' 형을 이루고 있는데 이 지세를 따라 집들이 들어섰다. 지형이 낮은 곳에는 노비나 평민들이 살았고, 지대가 높아 전망이 좋은 곳일수록 권세 높은 양반들이 집터를 잡았다.

이 특이한 지형은 대대로 명당으로 알려졌고 이를 입증이라도 하듯이 손소 선생을 비롯해서 이조판서를 지낸 우재 손중돈 선생, 회재 이언적 선생 등 수많은 인재가 배출되었다. 어디 그뿐인가! 마을 뒤로 든든한 산이 버티고 있고 마을 앞마당에는 백련과 홍련의 향기가 가득한 큰 연못이 있으며, 더 멀리에는 맑은 강이 유유히 흐르는 전형적인 배산임수 지형이다.

이런 살기 좋은 곳에 형성된 양동마을은 반촌이면서 인근에서 유명한 부촌이기도 했다. 한때 이 일대에 펼쳐진 안강평야가 모두 양동마을 사람들의 소유라는 말이 생겨났을 정도였다.

대쪽 같은 선비 정신이 새겨진 곳
| 서백당 |

양동마을은 월성(또는 경주) 손씨와 여강(또는 여주) 이씨, 두 집안이 대대손손 세를 이루며 터를 잡은 곳이다. 원

종가다운 규모와 격식을 갖추고 있는 양동마을 서백당.

래는 손사성의 아들인 손소가 풍덕 유씨 유복하의 사위로 들어와 정착하면서 월성 손(孫)씨 종가를 이루었고, 나중에 손씨 집안 딸이 여강 이(李)씨 번(蕃)에게 출가하여 이언적을 낳았는데, 그 이후 이 마을은 송재 손소의 손(孫)과 외손(外孫)이 경쟁적으로 인재를 배출해 영남 지방을 대표하는 양반 마을이 되었던 것이다.

  일에 따라 공이 있는 것을 '양(襄)'이라 하고, 옛것을 좋아하여 게을리 하지 않는 것을 '민(敏)'이라 하여 '양민(襄敏)'이라는 시호가 내려지기도 했던 손소는 지금의 월성(경주) 손씨의 종가인 서백당(書百堂)을 직접 지은 사람이다. 서백당은 참을 인(忍)을 백 번 쓴다는 의미인데, 자기 절제와 올

267

1 좌해금서 편액이 걸려 있는 무첨당.
2 양동마을에서 가장 먼저 눈에 띄는 향단의 전경. 상류 주택의 형식에서 과감히 벗어나 합리적인 공간으로 구성되어 있다.

곧은 선비 정신을 엿볼 수 있는 대목이다.

　서백당은 규모와 격식을 갖춘 대가옥으로 마을에서 가장 아름다운 고택으로 손꼽힌다. 이곳은 설창산의 혈맥이 집중되어 예로부터 삼현지지(三賢之地)의 명당으로도 유명한데, 삼현지지는 현인 3명이 나는 곳이라는 뜻이다. 이미 청백리라 불리는 우재 손중돈 선생과 동방 5현이라 불리는 회재 이언적 선생, 두 현인이 태어났다. 이제 남은 현인은 단 한 명, 그래서 손씨 집안에서는 며느리가 출산할 때는 방을 내줘도 시집간 딸이 출산할 때는 서백당의 방을 내주지 않는다고 한다.

영남을 대표하는 집
| 무첨당, 향단 |

　　　　　　　　　　　설창산 첫 골짜기 물봉골의 우측 높은 곳, 남향에 위치해 있는 무첨당(無忝堂)은 조선시대 성리학자이며 문신이었던 회재 이언적 선생의 별당채이다. 이언적의 아버지 이번이 양동에 기반을 잡은 후 살림채를 건립하고 이언적이 별당인 무첨당을 건립하였다고 한다. 조상을 욕되지 않게 한다는 무첨당에는 흥선 대원군이 집권하기 전 유랑할 때 이곳에 들러 썼다는 '좌해금서(左海琴書)'라는 편액이 걸려 있다. 영남을 대표하는 학문과 풍류가 있는 집안이라는 뜻인데 그야말로 최고의 찬사라고 할 수 있다.

　월성 손씨와 여강 이씨의 경쟁구도는 배출한 인물들로부터 시작해 양동마을에 있는 가옥에서 절정에 이른다. 월성 손씨의 종가이자 손씨 가문을 대표하는 가옥이 서백당이라면, 이에 대적하는 여강 이씨 가문을 대표하는 가옥은 향단(香壇)이다.

향단은 회재 이언적이 경상감사로 재직했을 때, 아픈 노모의 병수발을 하던 이언적을 위해 중종이 하사한 것이다. 원래는 99칸의 대궐 같은 집이었으나 지금은 56칸만 남았다. 향단에서 특이한 점은 기둥이 둥글다는 것인데, 원래 두리기둥은 궁궐에서나 가능한 치장이었으니 이언적에 대한 중종의 총애가 얼마나 대단했는지 알 수 있다.

2010년 유네스코 세계문화유산으로 등재된 양동마을에는 오늘도 고택 안을 기웃거리며 탐방의 욕구가 흘러넘치는 관광객들로 북적댄다. 그러나 잊지 말아야 할 것이 있다. 이곳은 민속마을이지만 동시에 사람이 살고 있는 집이다. 내가 보고 있는 이 집은 누군가가 살고 있는 집이고, 경주 속에 살아 있는 조선의 역사라는 사실을 말이다.

걸으면 알게 되고,
알수록 정감이 넘치는 골목길 탐방
대구

골목에서 노는 재미는 혼자 컴퓨터를 두들기며 노는 것과는 본질적으로 다르다. 매일 먹고 자고 생활하는 익숙한 도시의 골목에서 노는 재미는 보는 것마다 신기하고 새로운, 낯선 도시의 골목에서 노는 것과도 전혀 다르다. 열린 공간에서 여럿이 함께 그동안 무심코 지나치던 것들을 새롭게 보는 색다른 놀기였다. (중략) 골목에 스민 과거의 역사와 삶의 정취는 고리타분한 죽은 역사가 아니라 도시 정체성의 잠재력이 될 수 있는 문화의 원재료로서의 역사와 문화였다. 콘크리트 빌딩이 숲을 이루는 도시에서 누구나 손쉽게 정감을 느낄 수 있는 장소, 그것이 골목이었다.

김기홍 외 《골목을 걷다》

골목이 다 같은 골목이지 다른 골목이 있겠느냐고 반문하는 건, 대한민국 어디를 가도 다 똑같다고 말하는 것과 같다. 골목이 너무 좁은 공간이라 변변한 볼거리가 있을 리 만무하다고 말하는 건, 그곳에 오기까지 무수히 많은 골목을 그냥 지나쳤다는 말이다. 정말 골목은 다 똑같기만 하고 좁기만 할까?

굽이굽이 골목을 돌다보면 그 고장의 명소와 추억, 새로운 사람들을 만나게 되고 또 다른 모습을 발견하게 된다. 골목을 여행한다는 건 그 지역을 새롭게 발견하는 탐험이고, 다르게 여행하는 방법이다.

여행은 아는 만큼 보고, 본 만큼 느끼고, 느낀 만큼 성장해서 돌아오는 여정이다. 우리는 그동안 굵직한 관광지만 보고서는 "더 볼 곳이 없다."라며 돌아오지는 않았나? 그렇다면 '더 볼 곳'이 아니라 '더 볼 것'을 보지 못하고 돌아온 것이다. 그런 점에서 '골목 광역시'라 불리는 대구에서는 다른 건 몰라도 골목의 진수를 맛봐야 한다.

1백 년 역사와 전통을 자랑하는
| 진골목 |

경상도에서 '진'이란 길다는 뜻이다. '길다'라는 표현을 '질다'라고 하는데, '진골목'은 골목이 좁고 길다는 의

1 예전의 진골목 풍경을 알려주고 있는 표지판과 비석.

2 복잡한 도심 속에 다른 시대의 골목길 풍경이 펼쳐진다. 진골목을 걷다보면 근대 대구의 모습이 아직도 그 자리에 고스란히 남아 있다.

미다. 종로 홍백원에서 중앙시네마까지 이어지는 진골목은 꽤 유서 깊은 골목이다. 조선시대 지도에도 표시되어 있으니 어림잡아도 1백 년이 훌쩍 넘었다. 오래된 골목이 다 그렇듯이 좁고 길고 남루한 길이다. 그러나 이 골목은 일제강점기에는 달성 서씨 일가가 모여 산 부촌이었다.

예로부터 달성 서씨들은 대구의 달성, 동산, 계산, 종로 일대를 기반으로 부를 축적한 호족이었다. 그들의 후손인 서병국이 이 진골목에 1천

평이 넘는 저택을 짓고 살았다. 대구 최초의 2층 양옥집 정소아과 건물은 서병국의 친척인 서병기가 살던 곳이었고, 지금의 식당 자리는 서병원의 저택이었다. 서병원의 저택도 7백 평이나 됐다고 한다. 마지막 살았던 서재균을 끝으로 달성 서씨는 진골목에서 사라졌다. 그리고 골목의 모습도 바뀌었다. 어차피 골목이란 변화가 숙명인 장소다. 그러나 변화 속에 옛것의 흔적이 남아 있다.

60년 전 모습 그대로 남아 있는 정소아과. 이 건물의 겉모습과 내부를 보고 박물관인줄 알고 돌아가는 이도 있었다고 한다. 1947년 정필수 원장이 인수해 처음 문을 연 정소아과는 말이 소아과지 찾아오는 환자의 상태는 응급실과 중환자실로 가야할 사람들이었다. 먹을 것도 구하

진골목의 상징이자 대구에서 가장 오래된 2층 양옥건물인 정소아과. 정필수 원장이 매입하여 큰 수리 없이 지금까지 보전되고 있다.

기 힘들었던 시절, 죽기 일보직전까지 참아보고 이것저것 방법을 다 동원해보다가 오는 곳이 바로 정소아과였고 전염병이 돌면 병원의 환자가 수백 명이 넘을 때도 있었다. 환자가 몰리면 병원 증축 욕심이 났을 법한데 정소아과 건물은 1937년에 지어진 벽돌 건물 그대로다. 그러다 보니 집 마당이 인근 도랑보다 낮아 비만 오면 물이 차고 베란다에 물이 새는 일도 많았다고 한다. 이 집의 가치를 알아본 사람의 충고가 없었어도 정 원장은 온갖 새소리에 아름드리 향나무, 연못, 행랑채가 곁들여진 정원과 고풍스러운 이 집의 매력에 끌려 집을 크게 고치지 않았다고 한다.

진골목에는 정소아과처럼 고집스레 옛것을 지키는 곳이 한군데 더 있다. 전두환 전 대통령이 대구를 방문할 때마다 꼭 들러 차를 마시고 갔다는 미도다방이다. 이 다방은 원래 달성 서씨 집안의 사랑채가 있었던 곳이다. 그들이 가고 난 자리에 진골목의 사랑채가 된 미도다방은 대구, 경북 지역의 정치인과 문인들 사이에 이름난 명소였다. 삐걱거리는 문을 열고 들어가면 70년대 모습이 파노라마처럼 펼쳐진다. 예전에는 젊은이들이 많았지만 지금은 그 자리를 백발노인들이 차지하고 있다는 점이 달라졌을 뿐이다.

오래된 낡은 소파, 어항, 알록달록한 방석들이 촌스러운 나머지 정겹기까지 한데, 카운터 뒤에 걸려 있는 태극기에 이르러서는 피식 웃음까지 난다. 이 작고 촌스러운 구식 다방에 많을 때는 하루 4백여 명이 넘게 찾아오는데, 그중 절반은 이 미도다방을 참새 방앗간으로 알고 오는 단골이다. 2~3천 원짜리 차 한 잔을 시켜도 옛날 과자가 수북이 따라온다. 이 정겨운 곳을 참새 방앗간으로 삼은 전상열 시인은 〈미도다방〉이란 시도 썼다.

미도다방에서 책을 읽고 시를 읊어보는 사람들처럼 구석에서 시집을

대구 지역 문인과 정치인들이 모여들었던 미도다방. 옛날 정취 그대로지만 지금도 많은 손님들로 북적이는 대구의 명소다. 왼쪽은 한약 맛이 나는 달콤 쌉싸름한 쌍화차와 함께 나오는 옛날 과자들.

진골목에 전상열 시인의 〈미도다방〉이란 시가 벽화로 새겨져 있다.

읽으며 쌍화차 한 잔을 따뜻하게 마셨다면 이제 자리를 털고 다른 장소로 이동해보자.

걷기만 해도 몸이 낫는다?
| 약전골목 |

약전골목은 진골목보다 더 오래되었다. 조선 효종 때부터 봄과 가을에 약령시가 열렸으니 거의 350년 정도 되는 골목이다. 일제강점기 시절 규모가 줄긴 했으나 1900년대만 해도 거래 상인만 1만 명, 1백만 원 이상의 거래 금액이 오고갔다고 한다. 규모가 얼마나 대단했던지 오죽하면 골목에 배어 있는 한약 냄새를 맡으며 걷기만 해도 병이 낫는다는 말이 전해지겠는가!

약전골목에서 뽕나무골목으로 방향을 틀면 민족운동가 서상돈과 민족시인 이상화, 서예가 박기돈 등 민족운동가와 예술가들의 고택들이 골목길 탐사객을 기다리고 있다. 일제강점기 시절에 빼앗긴 들에 봄이 오기를 염원하며 조국의 광복을 노래했던 이상화 시인의 고택은 개발의 광풍에도 꿋꿋하게 살아남아 사랑방과 감나무 마당, 안채를 고스란히 유지하고 있다.

2001년 이 고택을 허물고 도로를 포장하려던 개발계획에 맞서 대구 시민들이 자발적으로 서명운동과 모금활동을 펼쳤고, 그 결과 이상화 고택은 예전 모습을 그대로 유지하게 되었다. 대구시는 주민들이 고택보존 시민운동본부에 기증한 성금으로 고택 안에 전시물을 설치해 암울한 시대를 살면서 일제에 저항한 이상화 시인의 정신을 기리고 있다.

대구 출신으로 3.1운동 당시 대구 학생시위운동을 주도했던 이상화는

약전골목은 차가 다니는 넓게 포장된 길이다.

길 양쪽으로 약재 도매상과 한약방이 즐비해 있으며 한약 달이는 냄새가 진하게 퍼지고 있다.

서상돈 고택. 서상돈은 국채보상운동을 전국적으로 확산하는 데 주도적인 역할을 했다.

이상화 고택. 민족시인 이상화가 1939년부터 임종 때까지 이곳에 약 4년 동안 거주하면서 시작(詩作)에 몰두했다.

이상화 고택 입구에 들어서면 장독대 옆으로 시비들이 나란히 놓여 있다.

고향에서 현진건, 백기만 등과 함께 작가활동을 시작, 〈나의 침실로〉, 〈빼앗긴 들에도 봄은 오는가〉 등의 저항시를 잇달아 발표했으며, 그 후로도 식민치하의 민족 현실을 바탕으로 한 저항 정신과 향토적 세계를 노래한 시를 꾸준히 발표했다. 그의 간절한 바람대로 빼앗긴 조국에 봄은 왔지만 그는 그 봄을 맞이하지 못하고 1943년에 요절하고 말았다.

〈빼앗긴 들에도 봄은 오는가〉라는 제목은 들어봤으나 시 구절이 가물가물한 이를 위해 친절히 고택 안에 시구를 적어놓은 기념비가 세워져 있으니 읽어보고 들어가길 권한다.

빼앗긴 들에도 봄은 오는가

지금은 남의 땅 - 빼앗긴 들에도 봄은 오는가?

나는 온몸에 햇살을 받고

푸른 하늘 푸른 들이 맞붙은 곳으로,

가르마 같은 논길을 따라 꿈속을 가듯 걸어만 간다.

입술을 다문 하늘아, 들아

내 맘에는 내 혼자 온 것 같지를 않구나!

네가 끌었느냐 누가 부르더냐. 답답어라, 말을 해다오.

바람은 내 귀에 속삭이며,

한 자국도 섰지 마라 옷자락을 흔들고

종다리는 울타리 너머 아씨같이 구름 뒤에서 반갑다 웃네.

고맙게 잘 자란 보리밭아

간밤 자정이 넘어 내리던 고운 비로

너는 삼단 같은 머리털을 감았구나. 내 머리조차 가뿐하다.

혼자라도 가뿐하게나 가자.

마른 논을 안고 도는 착한 도랑이

젖먹이 달래는 노래를 하고, 제 혼자 어깨춤만 추고 가네.

나비, 제비야, 깝치지 마라.

맨드라미 들마꽃에도 인사를 해야지.

아주까리 기름을 바른 이가 지심 매던 그들이라 다 보고 싶다.

내 손에 호미를 쥐어다오.

살찐 젖가슴과 같은 부드러운 이 흙을

발목이 시도록 밟아도 보고 좋은 땀조차 흘리고 싶다.

강가에 나온 아이와 같이

짬도 모르고 끝도 없이 닫는 내 혼아,

무엇을 찾느냐 어디로 가느냐, 웃어웁다, 답을 하려무나.

나는 온몸에 풋내를 띠고

푸른 웃음 푸른 설움이 어우러진 사이로

다리를 절며 하루를 걷는다. 아마도 봄 신령이 지폈나 보다.

그러나 지금은 - 들을 빼앗겨 봄조차 빼앗기겠네.

푸른 소나무와
학이 있는 풍경
경상북도 청송

막걸리는 뜨물같이 싱거웠고 파전 역시 그랬다. 나는 술값을 치렀다. 대폿집을 나와서 잠시 사방을 두리번거렸다. 이미 땅거미가 지고 있었고, 장꾼들이 떠나버리고 휘장이 걷힌 빈 장터에는 허섭스레기가 뒹굴고 있었고 아이들이 땅에 떨어진 상품의 상표 같은 종이들을 줍고 있었다. 그때 우리들의 시선 맞은편 석벽과 마주하고 나란히 뻗어 있는 방축이 바라보였다. 그녀가 그 방축을 눈으로 가리켰고 우리는 그곳을 겨냥하고 걷기 시작했다. 그래, 이 여자는 지금 여인숙에서 자고 있는 남자를 떠나고 있을 게다.

김주영 《외촌장 기행》

시골 장터는 언제나 이야기가 많다. 예전만은 못하지만 시골 장터는 지금도 여전히 시끌벅적하다. 으레 습관처럼 장이 열리고 사람들은 장에 가기 위해 분주하다. 꼭 무엇을 사러 왔다기보다 서로의 안부를 묻고 담소를 나누는 장소라고 해야 맞다.

작가 김주영은 경북 청송 출생으로 1971년 월간문학에 〈휴면기〉가 당선되어 등단했으며, 1982년 《외촌장 기행》으로 한국소설문학상을 수상하였다. 이 소설은 저자의 고향 청송의 진보장을 배경으로 탄생했다.

소설 속 주인공 '나'는 외촌장에 들렀다가 우연히 여인숙에 묵게 되는데, 그곳에서 야바위꾼 사내와 그를 따라다니는 여자 분옥을 만나게 된다. 분옥은 야바위꾼 사내가 잠든 사이 주인공에게 술을 사달라며 유혹하고 주인공은 별 생각 없이 여자를 따라나선다. 야바위꾼 사내에게 정착하자고 졸라대는 분옥은 주인공 외에도 틈만 나면 다른 사내를 유혹한다. 외촌장은 분옥과 야바위꾼 사내를 만난 곳이고 그런 우연한 만남이 이상하지 않은 곳이다. 작가 김주영은 어린 시절 진보장에서 보았던 물건을 사고파는 모습, 만나고 헤어지는 모습을 토대로 애증이 오고가는 《외촌장 기행》을 탄생시켰던 것이다.

소설에서의 청송은 다소 밋밋한 시골처럼 그려져 있지만, 이곳은 그저 그런 시골이 아니다. 청송(青松)이란 지명에서도 알 수 있듯이 예로부터 산 좋고 물 좋은 곳으로 유명했다.

기암절벽이 병풍처럼 둘러져 있는 곳
| 청송 주왕산 |

암벽이 병풍처럼 둘러졌다 하여 한때 석병산(石屛山)이라 불리기도 했던 청송의 주왕산은 우리가 지금까지 보았던 산들과 사뭇 다른 비경을 선사한다. 약 7천만 년 전 폭발한 화산에서 흘러내린 화산재가 만든 걸작들이 모여 있다. 깎아지른 듯 높게 서 있는 벼랑 때문에 겨울에는 빙벽 잔치가 열리고 있으며, 곳곳에 솟아오른 봉우리들이 많아서 예로부터 도인들의 수도처로, 쫓기는 이의 은신처로 알려지기도 했다. 지금은 울창한 수목과 기암절벽으로 등산객들의 사랑을 받는 산이 되었다.

주왕산은 기암절벽으로 유명한 산이지만 거칠거나 험하지 않다. 대전사에서 제1폭포까지 가는 길은 등산을 좋아하지 않더라도 쉽게 오를 수

청송 얼음골에 위치한 인공폭포를 이용해 겨울철이 되면 빙벽장으로 만든 얼음골 빙벽장에서는 매년 1월 말경 아이스클라이밍대회가 열린다.

1 주왕산 절경의 백미로 꼽히는 학소대.
2 주왕산 제3폭포. 두 줄기의 낙수 현상으로 주왕산 폭포 중에서 가장 크며 웅장한 자태를 보여 준다.
3 주왕산 입구에 위치한 대전사.
4 달기약수터 상탕. 이곳 약수는 약물로도 유명하다.

있는 코스다. 청학과 백학이 둥지를 틀고 살았다는 학소대를 지나 제1폭포에 도착하면 선녀들의 목욕탕처럼 생겼다는 선녀탕과 9마리의 용이 살았다는 구룡소를 만날 수 있다.

주왕산에는 제1폭포, 제2폭포, 제3폭포라 불리는 폭포들이 있다. 제1폭포는 용추폭포, 제2폭포는 절구폭포, 제3폭포는 용연폭포로도 불리는데 옛 문헌에도 그 이름이 나와 있다. 폭포의 옛 이름과 순서에 따라 매겨진 1, 2, 3 폭포가 안내도에 함께 기록되어 있어 쉽게 찾을 수 있다. 이곳은 다른 산들과 달리 폭포가 많은 편이라 등산보다는 폭포를 중심으로 하는 트레킹도 재미있게 즐길 수 있다.

주왕산은 옛날 중국의 진나라 주왕(周王)이 이곳에 피신해왔다고 해서 붙여진 이름으로 봉우리, 암굴, 식물에까지 주왕의 전설이 내려온다. 그렇다면 과연 주왕은 어떤 인물인지 이쯤에서 한번 살펴보고 가야 하지 않을까? 당나라 때 주도(周鍍)라는 사람이 스스로를 후주천왕이라 하고 진나라를 회복하고자 군사를 일으켜 당나라에 쳐들어갔다. 그는 당나라 수도인 장안까지 갔지만 패하고 요동으로 쫓겨 압록강을 건너 기암괴석과 벼랑이 높다는 석병산에 숨어들었다. 그런데 당나라 왕이 신라에 요청해 주왕은 신라의 마일성 장군에 의해 주왕굴에서 최후를 마쳤다는 것이다.

그런데 《주왕사적(周王事蹟)》을 보면 주왕산의 전설이 우리가 알고 있던 내용과는 다르다. 신라의 왕위 쟁탈전에서 밀려 반란을 일으켰던 김헌창의 이야기를 숨기기 위해 당나라의 이야기를 끌어다 붙였다는 것이다. 어떤 것이 사실이든 요새라 불리던 이곳에 반란세력이 숨어들었고 그들의 토벌 이야기가 주왕산 전설을 만들어낸 것은 분명해 보인다.

전설이 깃든 주왕산의 폭포와 기암절벽을 두루 살펴볼 수 있는 시간

은 초등학생 기준으로도 3시간이면 족하다. 게다가 전문적인 장비가 없어도 가뿐한 마음으로 등산을 즐길 수 있는 곳이니 힘들지 않게 산을 오르는 재미를 느낄 수 있을 것이다.

　다음은 청송의 물맛을 만날 차례다. 청송에는 유명한 약수터가 2군데 있는데, 청송읍에 있는 달기약수탕과 진보면에 있는 신촌약수탕이다. 청송읍에서 5분 거리에 위치한 달기약수탕은 약수터가 있던 옛 동네 이름인 달기동에서 유래되었다고 한다. 이곳 약수는 빈혈, 위장병, 관절염,

1976년 우리나라 12번째 국립공원으로 지정된 경북 제일의 명산으로 불리는 주왕산. 계곡마다 아름답고 장엄한 경관이 빼어나다.

심장병, 부인병에 효과가 있는 것으로 유명하며 특히 4, 5월에 약효가 뛰어나 달기약물이라고도 불린다. 이 물은 빛깔과 냄새가 없고 아무리 마셔도 탈이 나지 않는다고 한다. 또한 밥을 지으면 약수에 철분 성분이 있어서 밥이 파랗고 찰지게 되는 특징이 있다. 그릇에 오래 담아두면 탄산 맛이 줄기는 하지만 여기에 설탕을 첨가하면 사이다 맛이 난다.

  달기약수탕이 약물이라 지칭될 정도로 민간에서 유명한 탓에 약물의 효과가 지속되기를 바라는 마음으로 지금까지 50년 동안 음력 3월 30일

에 달기약수 영천제를 지내고 있다고 한다. 신촌 약수 역시 위장병·신경통·빈혈·부인병 등에 효과가 있다고 알려져 있으며, 이 두 약수탕은 청송군이 관리하고 있다.

청송 관광의 백미
| 주산지 |

청송을 찾는 관광객들의 대부분 목적지는 주왕산 아니면 주산지다. 영화 〈봄, 여름, 가을, 겨울〉의 촬영지로도 유명한 주산지는 태곳적 아름다움을 간직한 곳으로 사진작가들이 선정한 3대 아름다운 저수지에 속한다.

주산지는 조선 숙종 때 인근 논에 물을 대기 위해 만들었던 인공저수지로 심한 가뭄에도 바닥을 드러낸 적이 없다고 한다. 특히 이곳이 사진작가들에게 인기 있는 이유는 바로 물에 반쯤 잠긴 채 하늘로 뻗어 있는 왕버드나무 때문이다. 오랜 수령을 자랑

버드나무와 안개, 단풍이 태고의 신비를 담고 있는 주산지. 왕버들과 능수버들이 물 위에 떠 있는 듯 몽환적인 분위기를 자아낸다.

주산지는 사계절 어느 때나 작품 같은 사진을 남길 수 있다.

하는 버드나무가 물에 반쯤 잠겨 있어서 마치 물 위에 나무 섬이 떠 있는 듯하고 안개가 낀 날이면 신비롭다 못해 몽환적인 느낌을 자아내곤 한다. 1백 년에서 3백 년쯤 된 나무들이 비틀려 올라가는데, 그 틈새에서 언뜻 보이는 이끼와 나이테가 세월의 흔적을 짐작케 한다.

  주산지는 봄, 여름, 가을, 겨울 그 어느 때나 그림 같은 풍경을 담을 수 있다. 그러나 하얀 눈이 소복이 내린 겨울 산봉우리에 해가 쏟아질 때쯤 이곳을 간다면 흰 눈에 잠긴 주산지 위로 앙상하게 뻗은 나무들이 마치 기둥부터 땅에 박혀 있는 듯한 풍경을 카메라에 담을 수 있다. 주산지에서는 특별한 기술이 없어도 찍는 곳마다 절경이니 출사표를 던진 사진

공기마저 일순간 멈춘 듯한 눈 덮인 겨울 주산지의 모습.

작가라면 이곳을 꼭 찾아 작품을 남긴다.

주산지의 사계절은 항상 아름답지만, 가지마다 눈꽃이 피어 있고 저수지 물이 아직 얼지 않았을 때의 풍경은 담담하나 힘 있고, 여유롭지만 완벽한 구성의 묘미를 뽐내는 한 폭의 수묵화를 연상하게 한다.

그러나 주산지에 대해 너무 큰 기대를 품고 가는 것은 위험하다. 주산지의 본래 목적은 농업용 저수지인 탓에 물이 많이 필요한 때면 절반 정도 물이 빠진 경우도 많다. 주산지는 오랜 세월 동안 이 근처 논밭에 물을 공급해왔는데, 이처럼 물이 간간이 빠질 때에야 버드나무도 얼마간 호흡할 수 있다. 이곳 버드나무는 솜털 같은 뿌리가 많은데, 물속에 잠겨 있을 때 호흡하기 위해 기형적으로 자라난 것이라고 한다. 그러니 물에 잠긴 주산지의 왕버드나무만 머릿속에 그리고 왔다가 물이 빠진 주산지를 만나는 난처한 상황과 맞닥뜨릴 수도 있다. 그래서 가끔 난감해하는 이들도 있다.

주산지에 흠뻑 빠진 이들이 한결같이 말하는 이곳의 매력은 넘치지도 부족하지도 않은, 그 묘한 경계선에 있는 담담함이다. 수묵화가 아무리 노력해도 수채화만큼 화려하지 않듯, 주산지는 일순간 사람의 눈을 휘어잡는 곳이 아니다.

이른 새벽 5시, 참을성 있게 여명에서 깨어나는 주산지를 기다리는 이들이 마주하고 싶은 것은 먹의 농도에 따라 구불구불 이어지는 버드나무가 말하는 오랜 세월의 이야기다. 그러니 주산지를 성급한 마음으로 대한다면 그 진면목과 마주할 수 없을 것이다. 이곳이야말로 세월의 흐름을 늦추고 참을성 있게 시간과 이야기를 나눠야 하는 곳이기 때문이다.

6백 년 역사와
전통이 깃든 양반 마을
경상북도 안동

낙동강은 안동호를 지나면서 폭을 크게 넓혀 풍산들을 적시고 화산(꽃뫼) 남쪽 자락의 병산서원을 스친 다음 하회마을을 동, 남, 서, 북의 순서로 휘감으며 흐른다. 그래서 하회(河回)라는 지명이 생겨났다.
강줄기가 크게 굽이치는 모습은 하회마을을 물 위에 뜬 연꽃 송이로 보이게도 한다. 그것을 '연화부수형'이라고 한다.

이두영 《내 인생의 멘토 여행지 30곳》

예로부터 '추로지향(鄒魯之鄕)' 또는 '양반의 고장'으로 잘 알려진 안동에서는 지금도 혈연관계로 이루어진 동성(同姓)의 가호(家戶)들이 모여 있는 동성마을이 존재한다.

굳이 설명을 붙이지 않아도 안동 하회마을은 영국 엘리자베스 여왕이 방문하기 전부터 양반의 고장으로 이름나 있었으며, 2010년 유네스코 세계문화유산으로 등재되면서 국제적으로도 한국의 역사와 전통을 대표하는 마을이 되었다.

풍산 류씨의 자존심
| 양진당 |

6백여 년 동안 풍산 류씨가 터를 잡은 안동 하회마을에는 마을의 역사만큼 오래된 고택들이 많다. 그중 가장 유명한 고

낙동강 물줄기가 S자 모양의 태극형으로 돌아 흐른다고 해서 이름 붙여진 안동 하회마을. 풍수지리적으로도 길지인 이곳은 6백 년 전통이 아직도 살아 숨 쉬고 있다.

양진당은 하회마을에서 보기 드문 남향집으로 고려 말 건축양식과 조선 중기 건축양식이 섞여 있어 한국 건축사 연구에 중요한 자료를 제공한다.

택이 양진당(養眞堂)이다. 양진당은 조선시대의 문신 류성룡 형인 류운룡의 종택으로 풍산 류씨의 종가다. 사랑채 정면에는 류운룡의 아버지 입암(立巖) 류중영의 호를 빌어 입암고택(立巖古宅)이라는 현판이 걸려 있다. 양진당이라는 당호는 류운룡의 6대손인 류영의 아호(雅號)에서 유래되었다고 한다.

풍산 류씨의 종택인 양진당은 우리나라에서 보기 드문 조선 중기 가옥으로 정면 4칸, 측면 3칸 규모의 겹처마 팔작지붕으로 이루어져 있다. 대청 정면 3칸에는 4분합 여닫이문을 달았고 누(樓)와 같은 인상을 주는 별당(別堂) 건축에는 두리기둥을 사용하였다.

그러나 건축을 모르는 입장에서는 팔작지붕이라고 하니 그렇게 보이는 듯하고, 양진당 기둥이 두리기둥이라고 하니 그렇다고 생각할 것이

1 양진당 사랑채에 걸려 있는 입암고택 현판
2 밑에서 위로 열게 되어 있는 번개닫이창. 벼락닫이창이라고도 한다.

다. 그렇다면 이제 양진당을 아주 쉽게 살펴보도록 하자.

양진당에서 가장 특이한 점은 축대를 쌓고 그 위에 집을 지었다는 점이다. 그래서 집이 아니라 누각처럼 보인다. 높은 축대 위에 이층집처럼 지어진 까닭은 이곳이 상습적인 침수 지역이기 때문이다. 습한 땅에 기단을 만들지 않고 아예 기둥을 높여 건물을 지었다.

이외에도 양진당에서 유심히 봐야 할 것은 바로 '창'이다. 이곳엔 보통 한옥에서 볼 수 없는 창이 있다. '번개닫이창' 또는 '벼락닫이창'이라고 하는 들창이 그것인데, 이 들창은 기존 한옥 구조에서 어쩔 수 없이 발생하는 불편함을 해소하기 위해 만들어졌다. 손님이 방문할 경우 안주인은 손님이 어떤 사람인지 파악해야 하는데 직접 대면할 순 없으니 다른 방법으로 살짝 엿보기 위해 필요했던 창이었다.

하회마을 강 건너편에 위치한 부용대 절벽의 모습.

　이곳에는 한석봉이 직접 쓴 '양진당(養眞堂)' 당호 외에도 특이한 곳이 있는데, 바로 사랑채가 위치한 뒤쪽에 있는 2개의 사당이다. 정면의 큰 사당은 입암 류중영의 불천위 사당이고, 작은 사당은 겸암 류운룡의 불천위 사당이다. 이렇게 한집에 불천위 사당이 2개 있는 고택은 매우 드물다. 그렇다면 도대체 불천위 사당은 무엇일까?
　불천위(不遷位)는 불천지위(不遷之位)의 줄임말로 국가의 공신이나 덕망이 높은 자를 나라에서 정해 그 신주를 오대봉사(5대 위의 조상까지 제사를 모시는 것)가 지난 뒤에도 땅에 묻지 않고 사당에 두면서 제사를 지내도록 허락한 것을 말한다. 양반가는 고조와 증조, 조, 부 이렇게 4대를 모시고, 왕조는 여기에 태조를 더해 5대를 모시는 것이 원칙인데, 오대봉사

부용대에서 내려다 본 하회마을. 낙동강 물줄기가 하회마을을 감싸고 있다.

뒤에도 땅에 묻지 않고 계속 제사를 지내게 허락한다는 것은 가문의 대단한 영광이었다. 그런데 양진당에 이 불천위 사당이 하나도 아니고 둘이나 존재한다는 것만 보아도 풍산 류씨의 가문에 대한 자부심을 짐작하고도 남으리라.

이곳 말고도 안동 하회마을을 보고자 한다면 볼거리는 무수히 많다. 흙담이 정겨운 고샅길(시골 마을의 좁은 골목길)은 현대적인 골목을 누비는 것과는 사뭇 다른 골목길 탐방의 재미를 느낄 수 있는 곳으로 울퉁불퉁하지만 마을의 속내를 고스란히 전해주는 듯한 정겨움이 있다. 이 흙담장을 따라 돌다보면 양반집과 초가집이 조화를 이루고 있다. 어디 그뿐인가! 강 건너 북쪽 부용대에 오르면 하회마을을 감싸고 있는 낙동강과 그

하회마을에는 높지도 낮지도 않은 흙담길이 이어져 있다.

속에 강과 산의 보호를 받으며 비밀스럽게 들어선 하회마을의 자태를 오롯이 감상할 수 있다.

　얼마나 많은 것을 보았으며, 얼마나 많은 감동을 받았는지의 잣대로 여행을 논하자면 안동 하회마을만큼 많은 것을 보고 감동을 느끼며 동시에 배움을 얻을 수 있는 곳도 많지 않다. 고택의 번개달이창 하나에도 내외의 법도를 지키면서 손님에 대한 예와 정성을 잊지 않았던 조상의 배려만 가슴에 담아도 큰 배움을 얻은 것이 아닐까.

하얀 사과꽃 향기가 가득한 경상북도 영주

(생략)

어스름 뜨락에 바람 같은 사람이여
이 그리움 참말 속도 얄아서
꽃 몇 송이 피었다고 죽게 보고 싶으니
봄엘랑 한고랑 마음도 침범하지 말아요

버려졌다 하기엔 너무 억지고
남겨져 숨 쉬는 것도 죄만스런데
꼬옷 꼬옷
낡은 액자 속에서 하얗게 웃지 마요
꽃 사과 꽃폈다고
그리 웃다니

박해옥 〈꽃 사과 꽃이 피면〉

 사과꽃은 장미나 백합처럼 도도하고 고상한 자태로 누군가의 눈과 마음을 사로잡는 매력은 없다. 군무로 피어야 비로소 한 번쯤 돌아보게 되는 이 꽃은 안개꽃보다 수수하다. 그래도 수줍게 핀 모양이 봄날 설레는 신부의 부케를 닮았다.
 선비의 고장으로 알려진 경상북도 영주는 사과로 유명하다. 영주 사과는 색이 밝고 진하기도 하지만 당도가 높아 '꿀사과'로 불린다. 4~5월의 영주는 전국 사과 생산량 중 13퍼센트를 차지하는 사과의 고장답게 천지가 사과꽃이다.
 볼수록 매력이 넘치는 사과꽃 물결을 감상하려면 소백산 자락인 옥녀봉에서 희방사로 이어지는 길이나 부석사로 들어가는 길 양쪽에 펼쳐진 사과밭으로 가는 것이 좋다. 그중 부석사 길은 매번 찾아갈 때마다 새롭게 미혹될 만큼 아름다운 곳이다. 길을 따라 사과밭에 닿는 순간, 꽃분홍 저고리를 입은 처녀들이 봄나들이를 나온 듯한 풍경이 펼쳐진다. 그 꽃 아래 사과꽃을 솎는 아낙들의 손길이 바쁘다. 쓸모없는 가지를 고르고 실한 가지를 잡는 손길마다 풍성한 열매를 기다리는 마음이 담겨 있다.
 부석사 일주문에서 천왕문까지 5백 미터에 이르는 이 길은 봄에는 사과꽃으로, 여름에는 전나무로, 가을에는 은행나무로, 겨울에는 눈꽃으로 여행객을 맞이하는 사계절 내내 다른 반전이 있는 길이다. 이 때문인지 부석사를 한 번 찾았던 이는 또다시 이곳을 찾게 된다.

4~5월의 영주는 풋풋한 사과꽃 향기가 가득하다.

일주문을 지나 천왕문으로 가는 부석사의 비탈길. 유홍준 교수는 《나의 문화유산 답사기》에서 이 길을 '조선땅 최고의 명상로'라고 했다.

화엄의 꽃향기 맡으며 오르는
불국토의 세계
| 부석사 |

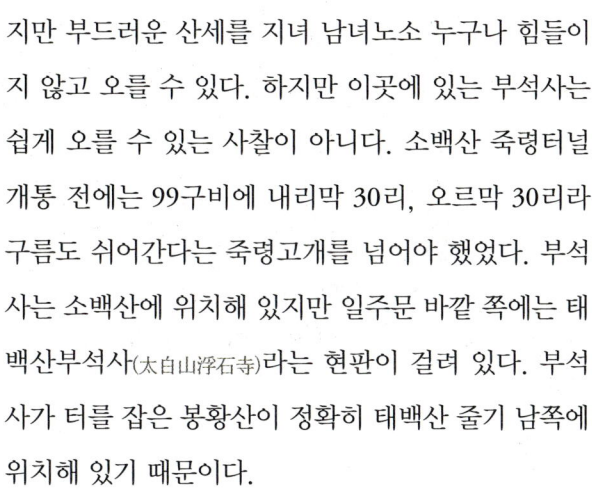

소백산은 웅장하지만 부드러운 산세를 지녀 남녀노소 누구나 힘들이지 않고 오를 수 있다. 하지만 이곳에 있는 부석사는 쉽게 오를 수 있는 사찰이 아니다. 소백산 죽령터널 개통 전에는 99구비에 내리막 30리, 오르막 30리라 구름도 쉬어간다는 죽령고개를 넘어야 했었다. 부석사는 소백산에 위치해 있지만 일주문 바깥 쪽에는 태백산부석사(太白山浮石寺)라는 현판이 걸려 있다. 부석사가 터를 잡은 봉황산이 정확히 태백산 줄기 남쪽에 위치해 있기 때문이다.

봉황산 중턱에 자리잡은 부석사는 일주문까지 오르는 길도 만만치 않지만 천왕문부터는 본격적으로 힘든 길이 펼쳐진다. 천왕문에서 시작된 가파른 석단은 보통의 마음가짐으로는 이곳에 오르지 말라는 듯이 보인다.

그런 의미에서 부석사 건축의 미는 사실 이 석단부터 시작된다. 돌의 크기가 달라 아무렇게나 쌓은 듯이 보이지만 오르다보면 묘한 규칙을 발견할 수 있다.

안양루에서 내려다본 부석사 풍경. 부석사 전각들과 저 멀리 소백산 봉우리들이 시원스레 펼쳐져 있다. 김삿갓 등 많은 시인들이 안양루에 올라 그 감흥을 시로 남기기도 했다.

안양루는 누 밑을 통과하여 무량수전으로 갈 수 있게 되어 누문(樓門) 역할도 한다. 전면에서 보면 2층 누각이지만 무량수전 쪽에서 보면 단층 전각처럼 보인다.

자, 한걸음 한걸음 다시 부석사의 석단을 밟아보자. 그렇다고 땅만 보고 걸으면 석단의 비밀을 알 수 없다.

부석사의 석단은 오를수록 좁아진다. 아랫단의 너비가 윗단의 너비보다 넓기 때문에 오르는 이도 안정감을 느낄 수 있다. 게다가 자연스럽게 시선이 위를 향하기 때문에 고단함이 느껴지지 않는 것이다. 아랫단 너비가 윗단보다 넓은 이 세심한 배려는 비단 오르는 이만을 위한 것이 아니다. 무량수전을 감상하고 부석사를 내려오는 이들도 작지만 세심한 배려를 느낄 수 있을 것이다. 이렇게 부석사 석단은 마음의 평화를 위해 이곳을 찾는 이들의 마음을 다잡는 첫 관문이자 돌아가는 이들의 안녕을 바라는 배려의 공간이다. 그래서 하잘것없어 보여도 부석사에서 가장 중요하고 뜻깊은 건축물이다.

부석사 석단을 오르는 것은 심신을 정화하는 과정이며 극락정토로 가기 위해 마음가짐을 다지는 과정이다. 높이가 저마다 다르기 때문에 부석사를 찾는 중생의 발걸음을 무겁게 하지 않는다. 오히려 높이가 같았다면 이 길을 오르는 일이 힘에 부칠 수도 있겠지만 율동적으로 배치된 석단 때문에 발걸음은 가볍다. 경건한 마음으로 부석사로 이르는 석단에서 이미 심신의 정화를 느꼈다면 이곳에서 얻어야 할 절반의 배움을 얻고 가는 것이라고 할 수 있다.

사실, 오래된 사찰의 건물에서 역사와 전통을 느끼고 가는 이가 몇이나 있으며, 안다고 해도 가슴에 새기는 이가 몇이나 될까? 우리는 사찰과 고택, 이름난 누각과 정자를 면발치 떨어진 곳에서 한눈에 보고 싶어 한다. 하지만 건물이란 보기 위한 것이 아니라 사람이 사는 조형물이다. 당연히 그 안에 사는 이들의 눈으로 건축물을 바라봐야 제대로 된 멋을 느낄 수 있다.

부석사 무량수전. 가라앉았다 솟구치는 추녀 곡선과 배흘림기둥 등, 목조 건축의 아름다운 기법이 모두 들어 있다.

자, 이제 안양루를 통과하여 무량수전 앞에 다다랐다. 안양(安養)은 극락을 뜻하는 말이다. 안양루를 통과해 무량수전 앞에 도착했다는 것은 심신의 정화를 통해 극락에 도착했다는 뜻이다.

무량수전은 무량수불(無量壽佛)을 모신 곳으로 극락보전, 보광명전, 아미타전이라고도 부른다. 무량수불이 극락세계를 다스리는 아미타불을 이르는 또 다른 이름이니 곧 극락세계인 셈이다. 그런데 이 무량수전 내 아미타불의 위치가 예사롭지 않다. 보통의 아미타불처럼 남쪽을 바라보지 않고 서쪽을 바라보고 있다. 서방정토 극락세계를 바라보는 그 시선을 따라 무량수전 밖으로 시선을 돌려본다. 또 다른 세계가 눈앞에 펼쳐져 있다.

부석사에서는 무량수전의 배흘림, 극적인 처마곡선 기법 하나만 제대

꽃과 어우러진 안양루의 모습. 마치 화려한 수채화 같다.

로 눈에 담아도 이곳을 찾은 보람이 있을 것이다. 그러나 이를 모르더라도 마당에 나와 부석사의 정원을 보고 나면 무량수전이 왜 이곳에 있는지 새삼 깨닫게 된다. 부석사를 두고 가장 큰 정원을 지닌 사찰이라고 하는 건 무량수전 마당에 펼쳐진 호화로운 정원 때문만은 아니다. 무량수전을 뒤로 하고 서면 봉황산의 절경과 산세가 한눈에 들어오는데, 이것이 부석사의 가장 큰 정원인 것이다.

 이렇게 경사로를 깎아 석단을 쌓아 그 위에 세운 부석사는 오르는 이의 시야를 한층 넓혀 더 큰 세상을 마주하게 하고, 그 정점에서 서방정토를 바라보는 아미타불의 시야를 한 번 더 넓혀주고 있다.

 무량수전의 기둥에 서면 굳이 고미술에 대해 해박한 지식이 없더라도 누구나 한순간만큼은 부처의 마음과 이 사찰을 창건한 의상대사의 깊은 뜻을 조금이나마 헤아리게 된다. 그리고 누구나 꽤 괜찮은 글귀가 떠오를 것이다. 《무량수전 배흘림기둥에 기대서서》같이 부석사를 나만의 느낌으로 기록해보는 것은 어떨까?

오랜 세월이 지나도 영원히 기억될 건축물을 짓는 이유는 절실한 바람 때문일 것이다. 그 바람이 저마다 다를 수도 있지만, 수백 년이 지나 그 건축물 앞에 선 사람들은 현재의 시간이 아니라 과거의 시간을 마주한다. 그리고 과거의 간절한 바람과 마주한다. 시간을 거슬러 때로는 시간과 함께, 그렇게 간절한 바람은 물처럼 구름처럼 이어진다.

어쩌면 사람들이 부석사를 찾고 또 찾는 이유가 이것일지도 모른다. 무량수전을 오르기까지 사과꽃 향기를 뒤로하고 성찰의 계단을 올라 마주하는 것. 그건 바로 나의 무엇인지 모르는 바람 때문일 것이다.

하얀 가을
눈꽃이 펼쳐진 오지마을
경상북도 봉화

짐승 같은 달의 숨소리와 푸르게 젖은 잎사귀 사이로 소금을 뿌린 듯 흐뭇한 달빛. 숨이 막힐 것처럼 피어오르는 메밀꽃밭에서 추억에 젖어 옛정을 읊조리는 장돌뱅이의 로맨스. 이효석의 소설로 가을 달밤의 메밀밭은 이렇게 사람들에게 사랑과 낭만의 장소가 되었다. 그래서 사람들은 9월 중순이면 흐드러지게 핀 메밀꽃 물결을 감상하기 위해 길을 떠난다.

꽃과 단풍의 계절 가을, 메밀꽃을 찾는 이들은 아마 대부분 신혼부부의 사진에 자주 등장하는 제주도나 이효석 소설《메밀꽃 필 무렵》의 고장 평창을 떠올릴 것이다. 제주도와 평창은 두말할 필요 없이 우리나라 제

일의 메밀꽃밭이다. 그러니 이곳에서 사진 한 장씩 찍었을 것이고, 집집마다 걸려 있는 달력 사진처럼 비슷한 메밀꽃밭 전경이 있을 것이다.

넉넉한 마음을 가진 푸근한 고향
| 봉화 메밀꽃밭 |

이제 메밀꽃의 감동을 그대로 느끼면서 조금 다른 메밀꽃을 감상하고 싶다면 강원도와 제주도가 아닌 경

산허리에서 바라본 메밀꽃밭. 하얀 융단 위에 슬레이트 지붕이 하나의 작품이다. 오지마을이라 밭농사가 대부분이고, 자연적으로 메밀밭이 형성되었다.

상북도로 떠나보자. 그곳에 가면 흙냄새 물씬 나는 고향의 메밀꽃이 당신을 기다리고 있을 것이다.

꽃을 감상하러 온 것인지, 내가 꽃이 되려고 온 것인지, 아니면 꽃밭에 있는 관광객을 찍으러 온 것인지 헷갈릴 정도로 사람 반, 메밀꽃 반인 곳이 아니라 천천히 메밀꽃밭을 산책하며 고향의 넉넉한 마음까지 느껴볼 수 있는 곳, 경상북도 봉화군 소천면 임기리는 바로 그런 곳이다.

봉화의 메밀꽃밭은 메밀꽃밭 사이로 조그만 길이 있으나 폭이 워낙 작아 꽃을 밟지 않고는 지나가기 힘들고, 꽃을 밟지 않으려 조심하다보면 메밀꽃밭 한가운데로 가기가 말처럼 쉽지 않다. 그러나 생각해보면 처음부터 관광이 아니라 농사를 위해 메밀을 심었고, 봉화의 메밀밭은 정원처럼 반듯하게 조성된 밭이 아니라 감나무, 대추나무, 싸리나무처럼 마을의 한 부분이기 때문이다.

봉화의 메밀꽃밭은 경북의 대표적인 오지이기 때문에 고향의 냄새가 가득하다. 이에 이끌려 임기리 감전마을에 도달하면 어느새 사방은 소박하게 핀 메밀꽃 천지다.

겹겹이 둘러싼 골짜기 첩첩산중의 진미
| 승부역 가는 길 |

봉화군의 83퍼센트가 산이라는 말이 거짓이 아니라는 것을 증명이라도 하듯, 굽이쳐 이어진 산들이 끝날 줄 모른다. 봉화를 쉬운 길이라 생각하고 나섰다면 아마 난처할지도 모르겠다. 하지만 말 그대로 오지이기에 때묻지 않은 광경을 볼 수 있다.

'하늘도 세 평이요, 꽃밭도 세 평이나, 영동의 심장이요, 수송의 동맥'

인 봉화 승부역에 자동차로는 접근할 수 없는 대한민국 최고 오지의 한적함을 기대하고 왔다면 무엇을 생각하든지, 기대하는 그 이상의 것을 보여줄 것이다.

봉화의 메밀꽃밭을 지나 승부역으로 가는 길이 백로와 왜가리가 노니는 경관이라 할지라도 이곳까지 찾아오기 힘든 곳이다. 그런데도 오지의 끝을 반드시 보고 말겠다는 기세로 오는 이들은 고생한 만큼 잊지 못할 결정적인 장면 하나를 마음에 품고 가게 된다. 강을 사이에 끼고 철길과 나란히 달리다보면 한국관광공사가 낙동강 원류길 중 왜 이 길을 백미로 꼽았는지 고개를 끄덕이게 된다.

승부역으로 가는 길은 사시사철 어느 때고 아름다우나, 차마 나설 엄두가 나지 않아 여러 번 가기가 힘든 이들에게는 겨울의 승부역을 권한다. 한겨울, 이 두메산골 깊숙한 나뭇가지에 눈꽃이 피면 사람들은 '환상선 눈꽃 열차'를 타고 승부역을 찾는다. 눈이 내린 승부역은 고요하다 못해 적막하기까지 하다.

하늘도 세 평이라는 대합실은 얼마나 궁색할까. 그런데도 사람들은 그 복닥복닥한 대합실에서 이곳이 세상의 끝이라도 되는 듯 방문스탬프를 다이어리나 수첩에 찍어대기 바쁘고, 간혹 어떤 이는 '승부역에서 띄우는 편지' 코너를 기웃거리기도 한다. 이 코너엔 '문득 그리움이 생길 때, 보고픈 이들에게 편지를 띄우세요. 첩첩산중에 둘러싸인 간이역의 여운이 당신의 마음과 함께 전해집니다.'라는 글귀가 적힌 흑백 톤의 철길엽서가 마련되어 있다. 이곳은 마치 세상의 모서리 끝 같다. 그런데 이곳에서 쓰는 엽서에는 뾰족함이 없다. 세상 끝의 고요한 평화가 가득하기 때문이다.

그림보다 그림 같은 바람의 화원
| 봉화 청암정 |

몇 년 전 방영되었던 드라마 〈바람의 화원〉의 포스터는 경북 봉화에서 촬영되었다.

돌다리 위에서 붓을 건네고 있는 김홍도와 신윤복의 표정이 결연하다. 사제지간이 된 천재 화가의 모습이다. 하지만 물 아래 비친 둘의 모습은 딴판이다. 청초한 여인의 모습을 한 신윤복과 그 여인을 사랑하는 마음으로 꽃을 건네려는 남자 김홍도가 물결에 흔들리며 서 있다. 청아한 하늘빛까지 품은 물결과 돌다리, 한쪽에 보이는 정자까지 눈으로 훑다보면 촬영지에 대한 호기심을 넘어 감탄이 절로 흐른다.

청암정은 조선 중종 시절 강직한 성품으로 절개를 지켰던 충재 권벌이

충재 권벌이 거북 모양의 너럭바위 위에 세운 정자 청암정. 바위를 평평하게 다듬지 않고 주춧돌과 기둥 길이로 조정하여 정자의 높이가 각각 다르다.

직접 지은 정자로 석천정과 함께 봉화의 대표적인 유적지이다. 봉화는 예로부터 흉년이나 전염병, 전쟁의 피해가 없어 자손 대대로 복을 누리는 십승지지(十勝之地) 중 하나로 알려져 있다. 청암정은 봉화군 닭실(달실)마을에 있는데, 닭실마을은 마을 모양이 금닭이 학의 알을 품고

ⓒ SBS 〈바람의 화원〉

안동 권씨 가문의 후손들이 살고 있는 닭실마을. 5백여 년 동안 이어진 한과로도 유명하다.

319

있는 금계포란형 지세라 해서 닭실이라고 부르게 되었다고 한다.

충재 권벌은 사화에 연루되어 파직된 후 이 마을에 터를 잡아 청암정을 지었다. 그는 이 정자에서 주로 강학을 하였는데, 그때는 오늘날과 같은 마루가 아닌 온돌이었다. 여기에 전해지는 전설이 하나 있다. 어느 날 온돌방에 불을 넣었는데 바위가 소리를 내며 우는 이상한 일이 벌어졌다. 그때 지나가던 한 스님이 바위가 사실 거북이라면서 방에 불을 지피면 거북이 등에 불을 지피는 것과 매한가지라고 알려주었다. 이 말을 들은 권벌은 아궁이를 없애고 주변의 냇물을 끌어들여 연못을 만들었다고 한다.

이곳에서 〈바람의 화원〉의 주인공처럼 못 한가운데 서서 물에 비친 모습까지 카메라에 담아낸다면 청암정의 운치를 오래도록 간직할 수 있을 것이다.

바람과
초록의 나라
강원도 태백

해발 약 1천 미터 고도의 하늘 아래 배추밭과 커다란 풍력발전기, 빨간 지붕 풍차가 이국적인 풍경을 만들어낸다. 파란 하늘과 초록빛 배추밭, 빨간 지붕의 풍차, 여기에 황금빛 해바라기 물결이 더해지는 이곳은 강원도 태백시. 익숙한 것들에서 아름다움을 발견하는 곳이다.

전라남도 보성 산기슭을 따라 굽이굽이 물결치며 풍기는 진한 녹음을 다시 맛보고 싶은 여행객에게는 녹차밭과 같으나 다른 감동을 주는 태백의 귀네미마을을 추천한다. 귀네미마을은 원래 광동리, 숙암리, 조탄리 등에 살던 이들이 80년대 후반 광동댐이 들어서면서 고향을 떠나 터를 잡은 곳이다. 물에 잠긴 고향을 등지고 태백 매봉산 기슭에 도착한

매봉산 정상 아래로 녹색 바다가 드넓게 펼쳐져 있는 귀네미마을 배추밭 전경.

수몰민들은 산을 깎고 땅을 갈아 마을을 일궜다. 그들은 이곳에서 어떻게든 살아보고자 배추씨를 뿌렸다. 이것이 귀네미마을 고랭지 배추밭의 시작이다.

또 다른 초록 물결
| 귀네미마을 |

지독히 살기 힘든 환경으로 사람의 발길이 닿지 않았기에 일굴 한 뙈기 땅도 없는 이들이 찾는 곳이었지만, 그들도 살만해지면 이곳을 떠났다. 그만큼 척박한 곳이었다.

하늘과 맞닿은 매봉산 바람의 언덕에서 풍력발전기가 돌아가고 있다. 태백시는 여름철 휴일에 이 언덕을 오르는 셔틀버스를 운행하기도 한다.

여느 작물이 다 그렇겠지만, 1년에 한 번 수확하는 배추를 경작하는 건 도박에 가까운 일이다. 그럼에도 불구하고 산 밑에는 가뭄이 들어도 해발 약 1천 미터의 귀네미마을은 가뭄을 몰랐다. 동해에서 건너온 차가운 바람과 산 밑에서 올라오는 뜨거운 공기가 만나 1년에 3분의 1은 안개비가 내리기 때문이다. 인기리에 방영되는 한 프로그램에서 이른 아침 안개 쌓인 귀네미마을의 배추밭을 보여준 적이 있어 그 모습을 기억하는 이들이 많을 것이다.

이곳에서 어떤 이는 그림엽서 같은 풍경을 보지만, 어떤 이는 삶의 준엄함을 본다. 이곳이 여타의 관광지와 사뭇 다른 느낌을 주는 건, 바로 농민의 흙냄새가 나기 때문이다. 귀네미마을에서는 9월이면 벌써 서늘해져서 다른 농작물을 키울 수 없다. 8월에 배추가 나는 것도 이 때문이다.

백두대간에 걸쳐 있는 귀네미마을의 가장 높은 능선에 오르면 능선을 타고 세찬 바람이 불어오는데, 바람의 언덕이라 부르는 이곳에는 거대한 풍력발전기가 돌아가고 있다. 푸른 하늘 아래 흔들리는 배추밭과 풍력발전기는 상당히 어울리지 않는 조합이지만 그 모습이 묘하게 이국적인 느낌을 준다. 다만 이곳은 고랭지 배추밭이므로 광활하게 펼쳐진 배추밭을 보고 싶다면 늦어도 8월까지는 귀네미마을을 찾아야 한다. 배추는 4~5월에 파종하여 7~8월에 수확하기 때문에 여름이 지나면 이 장관을 놓치고 만다.

바람의 언덕이 위치한 매봉산은 하늘 봉우리라는 뜻의 천의봉(天衣峰)이라 불릴 정도로 만만치 않은 길이지만 태백 시내에서 검룡소 쪽으로 향하다가 삼수령 왼편으로 좁게 난 길을 따라 오르면 생각보다 쉽게 도달할 수 있다. 풍력발전기 근처까지는 차편으로 쉽게 오를 수 있으나 느긋하게 경관을 감상하고 싶다면 도보로 오르는 것도 좋다.

희귀 야생화와 해바라기의 향연
| 태백고원자생식물원 |

8월의 태백에는 볼거리가 많다. 매봉산 진입로가 시작되는 삼수령 아래에서 매년 8월이 되면 황금빛 잔치가 열린다. 아홉 마리의 소가 배불리 먹고 누워 있는 모양이라고 해서 구와우마을이라고 부르는 '태백 고원자생식물원'이 바로 그곳이다.

해발 8~9백 미터에 위치한 고원자생식물원에서는 사라져가는 희귀 야생화들을 볼 수 있고 8월이 되면 해바라기축제가 열려 그 아름다움

1백만 송이의 해바라기가 바람에 흔들리며 노란 물결을 이루고 있다.

을 더한다.

　이곳의 해바라기는 해를 따라가는 것이 아니라 높은 곳에 위치한 탓에 고지에서 불어오는 세찬 바람의 방향으로 고개를 돌리고 있다. 이곳도 귀네미마을처럼 수시로 짙은 안개가 밀려오고 가랑비가 내리곤 한다. 푸른 하늘 밑에 황금빛 물결처럼 넘실대며 해바라기도 인상적이지만, 부슬부슬 가랑비를 맞으며 서 있는 해바라기는 또 다른 멋이다.

　열정과 그리움이라는 꽃말 때문인지, 아니면 광활하게 펼쳐진 드넓은 해바라기밭 때문인지는 몰라도 해바라기를 보면 이글이글 타오르는 열정을 느끼다가도 곧 우수에 잠기게 된다.

태백산 천제단에서는 매년 10월 3일 천제를 모시는 태백제가 열린다.

태백의 정기가 흐르는 곳
| 천제단 |

　　　　　　　　봄에는 야생화를 보기 위해, 여름에는 고랭지 배추밭을 보기 위해, 가을에는 단풍을 보기 위해 태백을 찾지만 겨울의 태백 여행만큼 환상적이기는 힘들 것이다. 특히 태백산에서 맞이하는 새해의 일출은 특별하다.

　새해에 태백산의 정기를 느끼며 그곳에서 일출을 맞는 기쁨은 그만한 대가를 치러야 얻을 수 있다. 일출을 굳이 태백에서 봐야 하는 특별한 이유는 바로 단군신화의 천제단이 있기 때문이다. 그래서 이곳의 일출은 다른 곳보다 더 특별하게 다가온다. 항간에는 태백산의 천제단에서 일출을 바라보며 소원을 빌면 이루어진다는 말이 전해진다. 소원이란 정성을 기울여야 이루어지는 것이다. 지극정성으로 빌고 또 비는 간절한 마음이 전해져야 한다. 태백산의 천제단이 쉽게 오를 수 없는 곳인데다 일출을 보기 위해 이곳을 오른다는 건 야간 산행을 의미하는 것이니 이만한 정성도 없을 듯하다. 이곳에서 일출을 보며 소원을 빌면 이루어진다는 말이 괜히 있는 것은 아닌 듯하다.

아직도 날이 선 푸른 새벽에 천제단에 도달하면 땀이 비 오듯 온몸을 적시고 숨이 턱까지 몰려 내뱉는 숨마다 더운 김이 가득하다. 이제 곧 동이 틀 것이다. 어둠이 조금씩 걷힐 때마다 웅장하고 선이 굵은 산세들이 눈앞에 펼쳐진다. 하얗게 눈 덮인 태백산의 지난 길도 눈에 들어온다.

이곳에서의 일출은 새해의 시작을 알리는 종소리같이 쨍~한 느낌이다. 만일 태백의 눈꽃을 좀 더 특별하게 느껴보고 싶다면 이 일출을 놓치지 말아야 한다.

옛 선인들의 삶을
만나는 곳
강원도 강릉

강릉이 문풍(文風)과 예속(禮俗)에서도 '제일'임은 역사적으로 걸출한 인물과 많은 효열(孝烈)이 배출된 데서도 알 수 있다. 5만 원권 지폐가 발행되면서 강릉은 세계에서 유일한 '모자 화폐 인물'의 고향이 된다. 165개국에서 통용되는 1,600여 종의 화폐 가운데 어머니와 아들이 나란히 화폐 모델로 선정된 예는 신사임당과 율곡 이이가 처음이다. 죽헌동 오죽헌에서 이들 모자의 자취를 더듬을 수 있다.

〈경향신문〉 자연도 문화도 천하제일, '모자 화폐'의 고향 강릉

'강릉 12향현'을 한 번쯤 들어봤을 것이다. 강릉 12향현은 조선시대 강릉을 대표한 12명의 학자들을 일컫는 말이다. 초기에 선정된 12명의 현인은 금란반월회(金蘭半月會) 일원이 많았다. 금란반월회란 조선 초기 숭유억불 정책을 적극적으로 지지하며 강릉에 성리학을 정착시키는 데 일조했던 이들의 모임이다. 그렇다고 중앙정부에 협조적인 인물만 속했던 것은 아니다. 12향현은 군자에서 효자, 철인까지 다양하며 인물의 됨됨이가 훌륭하거나 후대에 모범이 되는 인물들로 선정되었다.

조은 최치운도 평안도 절제사 최윤덕의 종사관으로 있을 때 야인정벌에 공을 세웠으며 공조참판 시절 명나라에 가서 야인들이 경성 지역 양민으로 영주할 수 있도록 요청, 이를 관철시킨 공을 인정받아 3백 결의 밭과 노비 30구를 상으로 받았다. 그러나 그는 노비를 끝까지 사양하고 받지 않았다고 한다. 후에 이조참판까지 오른 최치운이 술을 즐기는 정도가 심하자 왕은 친서를 내려 술을 자제할 것을 명했고, 최치운은 그 친서를 벽에 걸어두고 출입할 때마다 읽었다고 전해진다.

12향현에 어디 군주의 예를 다한 신하만 있었겠는가? 조선 건국 당시 부친의 불사이군(不事二君) 뜻을 이어받아 벼슬에 나가지 않았던 눌재 이성무는 태조와 정종 승하 후 부모의 상처럼 3년 동안 상주의 예를 다했다. 하늘이 내린 효자라 알려졌던 이성무는 실제 부친상을 당했을 때 3년 동안 시묘살이를 하며 죽으로 끼니를 때우고 의대를 벗지 않았다

오죽헌 주변에서 볼 수 있는 검은 대나무인 오죽은 우아한 모습 때문에 관상용으로 높이 평가되고 있다.

고 한다.

이밖에도 청백리로 명망 높았던 괴당 김윤신, 성품이 강직하고 자세가 단정하여 위엄을 잃지 않았던 사휴당 박공달, 4~5세에 문장을 짓고 10세에 글과 그림에 능해 사절(四絶)이라 칭송받던 원정 최수성에 이르기까지 학문과 덕망으로 조선 선비의 위상을 높였던 12향현은 문풍과 예속의 고장인 강릉의 자랑이다. 12향현은 현재 강원도 강릉시 교동 향현사(鄕賢祠)에 배향되어 있다.

강릉을 대표하는 인물 율곡 이이의 생가
| 오죽헌 |

오죽헌 옆 대나무는 여느 대나무와 다르게 까마귀처럼 검은색을 띠고 있다. 율곡이 공부하며 썼던 먹을 대

숲에 버려 대나무가 까맣게 변해 오죽헌이라고 불려졌다는 설도 있지만, 사실 오죽헌이란 명칭은 율곡의 이종사촌 권처균의 호에서 유래한 것이다.

  오죽헌은 신사임당의 생가인 동시에 율곡 이이의 생가이기도 하다. 신사임당은 결혼 후 38세에 서울에 정착하기 전까지 20여 년을 친정 강릉에서 살았다. 신사임당이 율곡을 낳고도 오랜 기간 친정에 머무를 수 있었던 것은 조선 중기까지만 해도 여성을 중심으로 한 가족문화가 유지되었기 때문이다.

  중국에 맹자의 어머니가 있다면 조선에는 율곡의 어머니 신사임당이 있다. 신사임당은 오랜 세월 현모양처의 상징이었다. 율곡 이이라는 대학자를 키워낸 명실상부 민족의 대표적인 어머니상이다. 그러나 사임당

1 강릉 오죽헌은 신사임당과 율곡 이이가 태어난 집으로 조선 중종 때 건축되었다.

2 오죽헌 몽룡실 뒤에 있는 매화나무. 율곡이 어릴 때 쓰던 벼루에도 움트는 가지만 새겨진 율곡매가 있는데, 매화꽃이 피고 열매 맺듯이 열심히 공부하라는 의미로 새긴 것이라고 한다.

  이 이처럼 현모양처의 상징이 된 것은 사후 1백여 년이 지난 후부터다. 유학 이념이 조선시대를 통틀어 가장 뜨거웠던 시기에 율곡이 유학자들의 존경을 받으면서 대학자의 어머니인 신사임당이 새롭게 조명을 받았던 것이다.

  율곡과 신사임당이 거처했던 오죽헌은 보물 제165호로 현존하는 한국 고택 중에서도 가장 오래된 건물에 속한다. 게다가 이 고택의 구조가 특이하기 때문에 건축사에서도 특별한 의미가 있다. 그러나 가벼운 마음으로 오죽헌을 들른 이들이나, 교육적인 목적으로 방문한 이들이나 오죽헌이 건축사에서 어떤 특별한 의미를 가지고 있는지 알기는 매우 어렵다. 간혹 전문가를 능가하는 친절한 부연 설명을 듣는다고 해도 그때뿐이다. 아는 만큼 보이고 보이는 만큼 느끼는 것은 사실이나, 앎이 가슴으로 와

닿지 않는다면 남는 것도 없으며 기억되는 것도 없다.

 다행히도 오죽헌에서 사임당과 율곡을 좀 더 쉽고 친근하게 느낄 수 있는 것이 남아 있다. 오죽헌에 오랜 세월 뿌리박고 있는 한 나무다.

 2007년 천연기념물 제484호로 지정된 오죽헌 율곡매는 오죽헌을 지을 당시인 1400년대에 심어진 나무다. 이 매화나무는 매년 봄마다 연분홍 꽃을 피우는 홍매로 높이가 약 9미터이고 수령이 6백 년이나 되니 거목 중에 거목이라 할 만하다. 사임당은 이 매화나무를 유독 좋아해서 맏딸의 이름을 매창(梅窓)이라 지었다고 한다. 이 매화나무는 매화 애호가들에게 '율곡매'라는 이름으로 알려져 있다. 오래된 매화는 자기만의 이름을 가지는 경우가 많은데 도산서원의 매화나무를 '퇴계매'라 부르는 것처럼, 이곳의 매화나무를 '율곡매'라 부르는 것이다.

 매화꽃의 향은 코를 대야 맡을 수 있는 것이 아니라 은은하게 멀리 퍼지기 때문에 암향(暗香)이라고 한다. 이 향을 귀로 듣는 것을 문향(聞香)이라고 하고 사임당과 율곡이 오죽헌에 머물 때 율곡매의 수령은 이미 1백 년이 넘었다. 그 고목에서 퍼지는 매화향은 어땠을까?

 봄날 오죽헌에 매화나무가 있다면, 여름에는 배롱나무가 있다. 사임당과 율곡이 오죽헌에 있기 전부터 이 집을 지키고 있던 배롱나무의 붉은 꽃은 봄의 매화꽃 못지않게 오죽헌의 여름을 불태우고 있다.

포탄도 피해간 행운의 고택
| 선교장 |

 강릉의 명소 중 빼놓을 수 없는 선교장. 태종 이방원의 아들이며 세종대왕의 형인 효령대군의 11대손 이내

원형이 잘 보존된 한국 최고의 전통 가옥 선교장. 낮은 산기슭을 배경으로 단아하고 자유로운 분위기를 풍기고 있으며, 후손들이 지금까지 이곳에 거주하고 있다.

번을 시작으로 10대가 지켜온 선교장은 사대부가의 전형적인 가옥 모습을 고스란히 간직하고 있다.

　고택 중에서도 이렇게 온전히 제 모습 그대로 이어진 사대부가는 우리나라에서 선교장이 유일무이할 정도다. 한국전쟁 때도 마당에 포탄이 떨어졌지만 큰 피해 없이 지나갔다고 한다.

　오래된 고택의 면모를 유감없이 발휘하는 선교장은 수백 년 된 노송들이 집 뒤를 병풍처럼 둘러싸고 있고, 긴 행랑 사이로 날아갈 듯 사뿐히 올라간 고옥의 추녀가 역사를 짐작게 한다. 집 구석구석에는 예스러움이 자연스레 묻어나고 치장하지 않았지만 집안 내력에서 풍겨오는 무게감은 사대부가에 온 것을 실감나게 한다.

　선교장은 많은 이야기가 전해내려오는 집이다. 우선 이 집의 유래가

선교장의 사랑채 열화당. 근대식 테라스가 시선을 사로잡는다.

강릉의 경포호는 예로부터 밝은 달이 떠오르면 하늘, 바다, 호수, 기울이는 술잔, 님의 눈동자에 달이 떠서 총 5개의 달이 뜨는 호수로 유명하다.

흥미진진하다. 선교장을 지은 이내번은 아버지가 돌아가시자 안동 권씨와 함께 강릉으로 터전을 옮겼는데, 어느 날 집터를 찾고 있던 중 족제비 무리가 서북쪽으로 몰려가는 것을 보게 되었다. 이를 신기하게 여겨 뒤쫓던 그는 울창한 숲 속에 들어가게 되었는데, 그 숲이 너무 아름다워 그곳에 집을 짓기로 결심했다는 것이다. 그 뒤로 족제비는 대대로 선교장의 귀한 손님으로 대접받았고 아직도 족제비들을 위해 뒷산에 먹이를 준다고 한다.

선교장의 선교(船橋)는 '배다리'란 뜻이다. 예전엔 집 앞에 나루터를 두고 배로 경포호를 가로질러갔다는 데서 그 이름이 유래했다고 한다. 이 이야기는 집 앞까지 경포호가 찰랑거렸다는 말인데, 예전 호수의 폭이 지금보다 더 넓었음을 알 수 있는 대목이다.

이 얼마나 멋진 일인가, 수면 위로 달이 5개가 떠오른다는 경포호가 내 집 앞마당 호수라니! 이 집에 사는 것만으로도 풍류가 절로 나올 법하다.

선교장을 방문할 때 이 집에서 꼭 들러봐야 할 곳은 열화당이다. 이곳은 선교장 주인 남자의 거처지다. 1815년 지어진 건물로 벽이 모두 문으로 지어진 것이 특색이다. 건물 앞 테라스가 다른 건물과 달라 보는 재미도 쏠쏠하다. 이곳에서 머물렀던 러시아 공사가 고마움에 보답하기 위해 러시아식 테라스를 지어준 것이라고 한다.

덕망 높은 부잣집들이 그렇듯, 선교장에는 베풂의 미덕이 있다. 유람하는 선비들에겐 기꺼이 방 한 칸을 내어주었고 흉년으로 굶주린 백성에겐 창고를 열어 곡식을 나누어주었다.

때문에 선교장에서 하룻밤을 청하는 것은 어려운 일이 아니었다. 다만 청하는 이의 수준에 따라 방이 달라지기는 했다. 학식이 높고 고명한 선비는 열화당, 학문과 식견이 있는 중급은 중사랑방, 평범한 손님은 행랑채에 머물렀다는 것이다. 지금도 물론 이곳에서 숙박을 할 수 있다.

고택에서 하룻밤을 묵으며 현인들의 삶을 좇아가는 여행이라면 강릉만한 지역도 없을 것이다.

커피의 명가에서 맛보는 진한 감동
| 커피로드 |

                          5개의 달도 좋고 고택에서의 하룻밤도 좋지만 강릉이 좋은 이유는 바로 향기가 있기 때문이다. 바다의 짠 내음이 아닌 은은한 커피향기. 커피를 좋아하는 이라면 '커피의 메카' 강릉보다 더 좋은 여행지가 또 있을까?

  강릉 커피거리 유명세의 일등공신은 당연히 해변을 둘러싸고 손님을 유혹하는 자판기 커피다. 그러나 커피 마니아들까지 끌어들이며 강릉을 자타공인 커피의 고향으로 우뚝 서게 만든 것은 커피 명장들의 공

보헤미안의 박이추 사장. 1세대 바리스타 중에 유일하게 현역으로 활동하고 있다.

이 컸다.

특히 우리나라 1세대 바리스타인 박이추 사장이 핸드드립으로 내려주는 커피를 마실 수 있는 보헤미안은 연중 손님들의 발길이 끊이지 않는다. 그러나 아무 때나 보헤미안의 커피를 마실 수 있는 것은 아니다. 매주 월, 화, 수는 정기휴일이며 문을 여는 시간은 아침 9시부터 오후 7시, 주문 마감은 오후 6시 30분이라고 한다.

내부에 있는 노란 벽보에 휴일과 영업시간, 그 아래 작은 글씨로 적힌 장문의 편지가 인상적이다. "보헤미안의 모든 커피메뉴는 핸드드립으로 만들어집니다. 기계적인 힘을 빌리지 않고 온전히 사람의 힘으로

테라로사 커피공장 내부 모습. 외진 곳에 떨어져 있지만 찾는 사람들이 많다. 이곳은 커피나무와 온실, 로스팅 공장과 소규모 카페를 운영하고 있다.

커피를 내리기 때문에 하루 12시간 근무하는 것이 힘에 부칠 때가 많았습니다. (중략) 지난 23년간 수많은 커피를 내린 손목이 '이제 그만 쉬고 싶다'는 신호를 보냅니다. 커피를 추출하는 시간에는 오직 커피만 생각하려 하지만 주전자를 쥔 손목에 집요하게 따라붙는 통증을 더는 무시할 수가 없습니다."

에스프레소 기계가 아닌 핸드드립 커피는 커피의 종류에 따라 달라지는 다양한 맛을 가장 잘 나타내준다. 그러다 보니 아무리 일찍 찾아가도 핸드드립으로 내리는 맛을 보려면 한참을 기다려야만 한다.

보헤미안보다 찾기는 힘들지만 로스트실이 개방형으로 되어 있어 손님들이 구경할 수 있고 컵 오브 엑셀런스(Cup of Excellence)에 선정된 커피들을 메뉴에 포함시키는 등 차별화된 전략으로 단골을 확보하고 있는 테라로사 커피공장도 강릉 커피의 명가로 손꼽힌다. 차로 이동해야 하는 위치 탓에 처음 이곳을 찾는 이들은 커피 한잔 마시러 지나치게 멀리 왔다는 피곤함과 밀린 주문에 짜증이 났다가도 커피를 맛보면 불평이 뚝 끊어진다고 한다.

여행 중, 하얀 파도가 모래사장을 향해 쉼 없이 달려오는 강릉 앞바다에서 낭만을 즐기고 싶다면 함께한 이와 한 잔이 두 잔이 되고, 한 병이 열 병으로 곤드레만드레가 될 때까지 기울이는 술잔이 아니라 마음을 따뜻하게 나눌 수 있는 커피 한잔은 어떨까.

맑은 공기 가득한 북한강 명품길
강원도 화천

"우리나라 산수는 봉래산 만폭동을 첫째로 치지만 수석이 평평하고 골이 넓어서 유영(遊泳)하고 반환(盤桓)하며 서식(栖息)하고 경착(耕鑿)할 만하기로는 저 만폭동이 이곳보다 못한 바가 있습니다. 더구나 매월당의 유적이 여기에 있으니, 내가 터를 잡아서 의지할 곳으로 삼는 일을 어찌 그만둘 수 있겠습니까?"라고 송시열에게 말한 곳. 하늘빛 아홉 굽이 시냇물 앞에서 숨이 멈추는 듯한 놀라움에 휘감겨 말문을 닫아버린 김수증. 이곳에서 그는 봄철에 바위마다 꽃이 만발하는 계곡 방화계로부터 층층이 쌓여 있는 계곡의 바위들 첩석대에 이르기까지 동에서 서쪽 상류로 거슬러 올라가면서 15킬로미터 사이에 경치 좋은 아홉 굽이에 각각 이름을 붙인다.

〈강원도민일보〉 [문화재, 사람에게 말을 걸다] 4. 화천 곡운구곡

17세기 후반, 노론의 성리학자 곡운 김수증은 평강현감으로 부임해 춘천을 거쳐 지나가던 중 매월당 김시습이 머물렀던 화악산 자락에 아름다운 계곡이 있다는 말을 듣고 이곳에 들렀다가 빼어난 산수에 마음을 뺏겨 지금의 강원도 화천군 사내면 영당리에 농수정사(籠水精舍)를 짓고 용담천 아홉 굽이의 계곡에 각각 이름을 붙여 곡운구곡(谷雲九曲)이라고 하였다.

원래 구곡도(九曲圖)는 중국 남송 때 주희가 푸젠성 무이산 숭계 상류

곡운구곡 화음동 정사지. 현재 정자의 일부가 복원된 상태이고 나머지는 소실되었으며 터와 자연석 바위에 새겨진 글자와 도상만이 남아 있다.

에 무이정사를 짓고, 숭계의 아홉 구비 계곡을 무이구곡(武夷九曲)이라 한 데서 유래한다. 김수증은 아름다운 화천의 아홉 절경에 자신의 호를 붙여 곡운구곡이라 한 것이다. 김수증은 후에 가족들까지 이곳으로 이주시켜 함께 살았다고 한다.

  고려 명종 때의 학자 김극기는 화천을 "푸른 산이 사방의 이웃이로다(青山是四隣)."라고 말했는데, 화천은 그 정도로 산으로 둘러싸인 곳이다. 오죽하면 구름이 가까워 옷이 젖을 정도라는 말이 나왔을까. 깊은 계곡과 높은 산에 감겨 있는 화천은 예로부터 은둔하는 선비의 낙향지로도 유명했다.

  화천은 세월이 흘러 분단과 전쟁, 냉전으로 인해 최전방, 이등병의 고향이 되었다. 이곳을 만든 건 8할이 이등병이라 해도 과언이 아니다. 그도 그럴 것이, 화천에는 민간인보다 군인 수가 더 많다고 한다. 그래서

곡운 김수증이 벼슬을 버리고 30년 동안 은둔생활을 한 화천 곡운구곡.

한국전쟁의 화천전투 때 수많은 중공군을 수장한 호수인 파로호. 파로호는 이승만 전대통령이 이름 붙인 것이다.

화천은 왠지 춥고 멀게만 느껴진다.

  그러나 지나가던 선비의 발걸음을 붙잡아 머물게 했던 비경은 세월이 지나도 변하지 않았다. 예로부터 산과 물의 고장이라 불리던 화천. 이제 푸르른 산과 맑은 물로 온몸을 정화시키는 천혜의 자연으로 여행을 떠나보자. 혹시 우리도 김수증처럼 화천에 반해 이곳을 떠나고 싶지 않을지도 모를 일이다.

화천의 명품
| 자연과 함께하는 산소길 |

  빛날화(華), 내천(川)이라 했다. 화천의 물길이 얼마나 아름다운지 이름만 들어도 짐작이 간다. 이곳은 북한강과 화천천이 들과 산을 타고 내려오는, 그야말로 물의 고장이다. 그래서 이른 아침이나 비가 오는 날이면 어김없이 안개가 피어오른다.

  화천에는 제주도의 올레길, 지리산의 둘레길에 견줄 만한 명품길이 있는데, 바로 자전거를 타고 가면 3시간 정도 걸리는 산소길이다. 이 길은 북한강변을 따라 조성되어 자전거 마니아들에게는 꿈같은 코스다. 자전거를 타고 아침 안개를 가르며 강변길을 달리는 그 상쾌함은 이루 말할 수 없는데 화천의 산소길에는 강변길만 있는 것이 아니다. 원시림을 통과하는 숲속길, 물안개와 저녁노을이 아름다운 수변길, 연꽃길, 야생화길 등 다양한 코스가 준비되어 있다.

  우선 화천의 원시림에서 출발해서 삼림욕으로 산책을 시작해보자. 위하리마을을 지나 용화산 자락에 접어들면 원시림 터널 입구로 들어서게 되는데, 흙길이 그대로 바닥에 깔려 있다. 산소길의 첫 번째 코스인

평화의 댐에서 바라본 파라호의 모습.

숲속길이다.

자전거를 타는 이에게는 다소 어려운 코스가 될 수도 있지만 걷기 좋아하는 뚜벅이 마니아들에게는 폭신한 흙길과 울창한 숲을 감상하며 가뿐하게 걸을 수 있는 코스가 될 것이다. 이 길은 다양한 음지 식물, 토종 식물들이 어우러져 태곳적 원시림에 온 듯한 느낌을 준다.

삼림욕을 느긋하게 즐겼다면 이제 산소길의 하이라이트를 만날 차례다. 바로 화천 1백 리 산소길의 명물인 강변길이다. 길이 끊긴 구간은 자연 훼손을 최소화하기 위해 폰툰(상자형 부유 구조물) 위에 나무를 깔아 수상도로를 만들었는데, 물 위를 걷는 느낌이 든다고 해서 통통다리, 혹은 폰툰다리라고도 부른다. 이 다리는 북한강을 따라 1킬로미터 정도 이어지는데, 비가 온 날이나 아침 일찍 이 다리를 건너면 안개와 함께 물 위를 걷는 몽환적인 분위기가 그만이다.

단순하면서 구조적으로 안정적인 입면형상을 보여주며 원형이 잘 보존되어 있는 꺼먹다리.

산소길은 볼거리도 많다. 물론 화천의 아름다운 강과 산이 첫 번째요, 때묻지 않은 자연에 조성된 파로호와 붕어섬도 볼거리다. 자칫 지나칠 수 있는 볼거리를 놓치지 않기 바란다. 그냥 오래된 다리쯤으로 스쳐갈 꺼먹다리도 있다. 이 다리의 내력을 알고 나면 그냥 지나치진 못할 것이다.

단순하지만 안정감이 돋보이는 이 다리는 원형이 잘 보존되어 있어 교량사 연구에 귀중한 자료라고 한다. 화천댐이 준공되면서 1945년 건설되었는데, 일본이 다리의 기초를 놓았다. 그 위에 소련과 북한이 교각을 세웠고, 한국전쟁 이후 화천군이 상판을 놓아 다리를 완성했으니 그야말로 국제적인 합동 건설물이라고 할 수 있다. 철근 콘크리트 주각 위에 형강을 깐 다음 각재를 덧대었는데, 나무로 만든 상판에 검은색 타르를 칠해 꺼먹다리라 불렀다. 예전에는 콘크리트와 철근 등으로 만든 다리가 이 지역에 없어서 주민들의 구경거리가 될 정도로 유명했으며, 한국전쟁 당시에는 파로호와 화천댐, 백암산을 연결하는 유일한 교량 역할을 담당했다. 교각에는 지금도 전쟁 당시의 포탄과 총알 흔적이 남아 있으며, 전쟁 드라마와 영화의 배경이 되고 있다.

산 좋고 물 맑은 고장이라 어느 때나 방문해도 아름다운 경관에 지루한지 모르고 걷게 되는 화천의 1백 리 산소길. 여름에는 안개와 몽환적인 분위기가 관광객을 압도하고, 가을에는 단풍이 보는 이의 눈을 즐겁게 해주며, 겨울에는 기대를 저버리지 않는 눈꽃 나무들과 호수가 당신을 기다릴 것이다.

'뻔'하지 않게 즐기는
나만의 여행
제주도

떠나요 둘이서 모든 것 훌훌 버리고 제주도 푸른 밤 그 별 아래
이제는 더 이상 얽매이긴 우리 싫어요
(중략)
신혼부부 밀려와 똑같은 사진 찍기 구경하며
정말로 그대가 재미없다 느껴진다면 떠나요
제주도 푸르메가 살고 있는 곳

〈제주도 푸른 밤〉

누구는 제주도 여행이 설렜다고 하고, 누구는 그저 그랬다고 한다. 누구는 여러 번 가봤다고 하고, 누구는 아직 가보지 못했다고 한다. 그래도 바다를 건너는 여행이기에 색다른 풍경이 좋았다는 사람도 있고, 어디를 가나 관광객이 너무 많아 풍경을 봤는지 사람을 봤는지 기억나지 않는다고 말하는 사람도 있다. 여행에서 계획의 중요성이야 두말하면 잔소리겠지만, 그 계획이 정말 중요한 곳이 바로 제주도다.

수많은 미디어와 각종 사진첩들이 제주도가 대한민국 최고의 관광지라는 사실을 여지없이 입증하고 있는데 제주도 여행에 무슨 걱정이 필요하겠는가?

제주도는 분명 유채꽃과 푸른 바다, 이국적인 풍경이 아름다운 대한민국 최고의 여행지임에 틀림없다. 그러나 이국적인 풍경에 대한 감탄사가 얼마나 오래갈까?

꼭 한 번 가볼 제주도라면 당연히 봐야 할 관광지와 산, 섬도 좋지만 남들과 조금 다른 계획을 세워보는 것은 어떨까?

신혼부부처럼 똑같은 장소에서 똑같은 포즈로, 똑같이 찍은 사진처럼, 누구나 가지고 있는 추억이 아니라 나만의 제주도 추억을 만들 수는 없을까?

우뚝 솟은 한라산과 섬 전체가 관광특구인 제주도의 모습이 파노라마처럼 펼쳐져 있다.

제주도에서의 나만의 추억
| 작가의 산책길 |

시간이 지나 여행에 대한 추억을 더듬어볼 때 기억에 남는 것이 의외로 이름난 관광지의 아름다운 풍경이 아닐 때가 많다. 이름난 관광지에서 한 컷 찍자고 힘들게 고생했던 여정이나 그 사이 잠깐 맛봤던 꿀맛 같은 휴식, 여행지에서 귓가를 맴돌았던 음악이 추억이 되는 경우가 많다. 그런 의미에서 감성을 자극하는 제주도 여행은 오래도록 기억될 특별한 추억이 될 것이다.

자, 이제 제주도로 감성 여행을 떠나보자. 필요한 것은 반나절 정도의

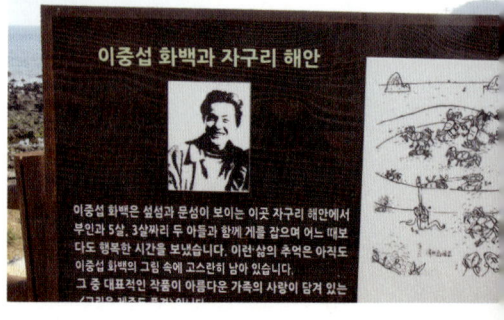

1 자유로운 예술가들의 작품을 볼 수 있는 동아리 창작공간.
2 화가 변시지와 서예가 강용범의 작품이 전시되어 있는 기당미술관.
3 이중섭의 자취가 남아 있는 자구리 해안.
4 불로초를 찾아 제주도에 온 서복을 기념하여 조성한 서복전시관.
5 수직으로 폭포가 떨어지는 정방폭포.
6 소암 현중화 선생을 기리기 위한 소암기념관.
7 작가의 산책길 안내도.

시간과 가벼운 옷차림, 신발, 음악 정도면 된다. 제주도 서귀포시에는 '작가의 산책길'이 있다. 어디서부터 어디까지 걸어야 할지, 도대체 끝이 있긴 한지 궁금한 올레길과는 달리, 그리 길지도 짧지도 않은 작가의 산책길을 한번 걸어보자. 이 길은 이중섭 미술관(이중섭 거주지)-동아리 창작공간-기당미술관-칠십리 시공원-자구리해안-서복전시관-정방폭포-소라의섬-소암기념관으로 이어진다.

　작가의 산책길은 천재 화가 이중섭과 한국 서예계의 거목인 소암 현중화, 폭풍의 화가라 불리는 변시지 등 제주와 특별한 인연이 있었던 작가들, 서귀포시를 사랑한 작가들의 발자취를 따라가는 길이다. 총 4.9킬

불운한 시대의 천재 화가 이중섭 화백을 기념하는 이중섭 미술관. 한국전쟁 중 제주에 내려와 가족과 함께 기거했던 집을 서귀포에서 기념관으로 단장하고 그 뒤편에 미술관을 세웠다.

로미터에 이르는 이 코스는 3시간 30분 정도 걸리는데, 혼자 돌아보는 것도 좋지만 장소마다 해설사의 친절하고 재미있는 설명이 있으니 이를 참고해도 좋다.

 어렵거나 접할 시간이 없어서 점점 멀게만 느껴졌던 작품들을 천천히 걸으며 훑어보는 것도 여행이 될 수 있다. 요즘같이 여행에서 무언가를 꼭 배우거나 알아서 와야 할 것 같은 분위기에선 용납할 수 없는 일일지도 모른다. 하지만 그냥 보는 것만으로도, 느끼는 것만으로도 위안이 되고 넉넉해질 수 있다면, 그것 역시 의미 있는 여행이 될 것이다. 문화란 눈에 불을 켜고 공부하듯이 몰두한다고 한꺼번에 알게 되는 것은 아니다. 감성을 자극하는 것이 문화가 아니던가? 그런 의미에서 제주도 작가의 산책길은 지성을 깨우는 길이 아니라 우리의 고픈 감성을 채우는 길이다.

이중섭이 가족과 함께 기거했던 이중섭 거주지. 1997년 4월 서귀포시에서 복원하였다.

작가의 산책길은 이중섭 미술관부터 시작한다. 한국전쟁으로 제주도에서 피난생활을 하게 된 이중섭의 생활은 매우 궁핍했다고 한다. 종이 살 돈이 없어 담배 내부 포장지였던 은지에 작품을 그렸다고하니, 초라한 초가집 생활이 짐작 가고도 남는다. 결국 생활고를 견디지 못한 일본인 아내가 아이들과 함께 일본으로 돌아가면서 가족과 떨어지게 된 이중섭은 그 이후 가족과 잠깐 만난 뒤 다시는 가족을 만나지 못했다. 그는 여러 지역을 전전하면서 가족에 대한 그리움을 술로 달래며 창작활동을 하다 세상을 떠났다.

역동적이며 폭발적인 내면세계를 잘 표현했던 천재 화가 이중섭. 그는 삶이 작품이고 창작이 곧 삶의 원동력이 될 수밖에 없는 운명을 타고난 예술가다. 하고픈 이야기가 많고 가슴에 맺힌 것이 많은 사람일수록 더 간절하고, 더 강렬하게 표현하기 마련이다. 담배 내부 포장지로 그렸

기당미술관에 소개되어 있는 변시지 화백의 연대기.

던 은지화는 지금은 뉴욕현대미술관(The Museum of Modern Art, New York)에 소장되어 국내에서는 볼 수 없지만, 서귀포시에 있는 이중섭 미술관에서는 그의 위작이 아닌 진품을 직접 감상할 수 있다.

이중섭 화가의 작품을 감상하고 다시 작가의 산책길에 올라 30여 분을 가다보면 기당미술관에 도착한다. 기당미술관은 제주가 고향인 재일교포사업가 기당(寄堂) 강구범에 의하며 건립되어 서귀포시에 기증되었으며 1987년 7월 1일 개관하였다. 우리나라 최초의 시립미술관이다.

기당미술관의 상설전시실에는 '폭풍의 화가'로 잘 알려진, 제주가 낳은 세계적인 화가 변시지의 작품과 근대서예가 강용범의 작품이 연중 전시되고 있다. 변시지 화백은 고향 제주를 배경으로 한 작품을 많이 남겼는데, 황색조의 바탕 위에 감필법으로 거친 제주 바다와 조랑말을 그렸다. 미술관에서 해설해주는 이의 설명을 듣는다면 조금 더 깊은 감상을 할 수 있다. 제주도에서 미술관 감상이란 독특한 테마 여행의 즐거움은

칠십리 시공원 전망대에서 바라본 천지연폭포.

산책길 때문에 기쁨이 배가 된다.

　기당미술관 건너편에는 칠십리 시공원이 자리잡고 있다. 칠십리 시공원은 천지연폭포와 한라산을 한눈에 담을 수 있는 최고의 전망대가 있을 뿐만 아니라 공원 곳곳에 시비가 세워져 있어 그림 같은 제주의 풍경과 어울리는 시를 감상하며 여유롭게 산책할 수 있는 곳이기도 하다.

　공원을 천천히 둘러보며 마음에 드는 시를 고운 햇살을 즐기며 곱씹어보는 재미도 쏠쏠하다. 아름다운 제주도의 풍경은 사계절 변하지만 지금 이 순간의 제주도는 기억 속에 오래도록 남을 것이다. 공원을 돌며 시를 감상하다보면 작가가 아니지만 제주도의 파도 소리에 맞춰 누군가에게 편지를 띄울 수 있지 않을까?

마당귀에
바람을 놓고
귤꽃
흐드러져
하얀 날

파도 소리 들으며
긴 편지를 쓴다.

한기팔 〈서귀포〉

이야기로 떠나는
우 리 나 라

초판 1쇄 인쇄 2012년 5월 15일
초판 1쇄 발행 2012년 5월 25일

지은이 | 한국관광공사
펴낸이 | 김경수
기획, 책임 총괄 | 박향미
편집 | 배은경, 최현숙
편집 디자인 | 김수진, 김선옥
마케팅 | 이경훈, 정은진
사진 | 한국관광공사, 박정인, 설장욱, 황철원, 김유범, 우혜은, 문경록
제작 | 팩컴 AAP(주)
펴낸곳 | 팩컴북스

출판등록 | 2008년 5월 19일 제 381-2005-000074호
주소 | 463-867 경기도 성남시 분당구 정자동 159-4 젤존타워 2차 8층
전화 | 031-726-3666
팩스 | 031-711-3653
홈페이지 | www.pacombooks.com
값 | 17,000원

ISBN 978-89-97032-10-5 14980
ISBN 978-89-97032-09-9 (세트)

*이 책은 팩컴코리아(주)가 저작권자와의 계약에 따라 발행한 것이므로 본사의 서면 허락 없이는 어떠한 형태나 수단으로도 책의 내용을 이용하지 못합니다.

*이 도서의 국립중앙도서관 출판시도서목록(CIP)은 e-CIP홈페이지(http://www.nl.go.kr/ecip)와 국가 자료공동목록시스템(http://www.nl.go.kr/kolisnet)에서 이용하실 수 있습니다.　(CIP제어번호 : CIP2012001902)